Arbeit aufwerten – Demokratie stärken

Reiner Hoffmann (Hg.)

Arbeit aufwerten – Demokratie stärken

Gewerkschaftliche Gestaltungsperspektiven

DIETZ

Bibliografische Information der Deutschen Nationalbibliothek

Die Deutsche Nationalbibliothek verzeichnet
diese Publikation in der Deutschen Nationalbibliografie;
detaillierte bibliografische Daten sind im Internet
über http://dnb.dnb.de abrufbar.

ISBN 978-3-8012-0609-3

Verlag J.H.W. Dietz Nachf. GmbH
Dreizehnmorgenweg 24, 53175 Bonn

Redaktion: Dieter Pougin

Umschlag: Ralf Schnarrenberger, Hamburg
Satz: Rohtext, Bonn
Druck und Verarbeitung: CPI books, Leck

Printed in Germany 2021

Besuchen Sie uns im Internet: www.dietz-verlag.de

Inhalt

Einleitung

Vor allem zu Beginn der »Corona-Krise« sind schlechte Arbeitsbedingungen, geringe Bezahlung, mangelnde Wertschätzung durch die Arbeitgeber*innen und fehlende öffentliche Anerkennung der als systemrelevant eingestuften Berufe in den Fokus medialer Aufmerksamkeit gerückt. Leider hat sich aber erneut gezeigt, dass die mediale Halbwertszeit solcher öffentlichen Wertschätzung nur von kurzer Dauer ist. Öffentlicher Applaus und geschwungene Dankesreden mögen kurzfristig wohltuend sein. Sie lösen aber keine strukturellen Probleme, die seit Jahren bekannt sind und die durch die Corona-Krise weiter verschärft werden. Die Einkommensunterschiede in Deutschland sind immens und haben sich in der Pandemie weiter verschärft. Menschen mit niedrigen Einkommen und in prekären Beschäftigungsverhältnissen sind besonders von den wirtschaftlichen und sozialen Krisenfolgen betroffen. Die jüngsten Ergebnisse der Erwerbspersonenbefragung des Wirtschafts- und Sozialwissenschaftlichen Instituts (WSI) der Hans-Böckler-Stiftung zeigen, dass immer mehr Menschen ein weiteres Auseinanderdriften der Gesellschaft befürchten.

Dennoch hat der vorübergehende Medien-Hype ein Gelegenheitsfenster geöffnet. Er bietet durchaus günstige Chancen, die Debatte über den »Wert der Arbeit« und die Integrationskraft von guter Arbeit für den gesellschaftlichen Zusammenhalt und die Stärkung unserer Demokratie in einen grundlegenden gesellschaftspolitischen Diskurs zu überführen. In den letzten Jahren – und das gilt auch für die Zeit seit Ausbruch der Corona-Krise – haben die Gewerkschaften beachtliche tarifpolitische Erfolge erzielt. Gleichzeitig wurden über arbeits- und sozialrechtliche Nachjustierungen der Großen Koalition durchaus Fortschritte bei der Aufwertung von Arbeit gemacht. Auch die europäische Politik scheint in vielen Punkten dazu gelernt zu haben. Anders als in Folge der internationalen Finanzmarktkrise hat sie auf die Corona-Krise nicht mit einer radikalen Austeritätspolitik reagiert, die in vielen Mitgliedsstaaten der Europäischen Union zu einer weiteren Erosion der Tarifbindung und damit zu einer massiven Abwertung lebendiger Arbeit geführt hat. Statt wieder auf einen rigorosen Sparkurs zu setzen, wurden zur Bewältigung der wirtschaftlichen und sozialen Pandemiefolgen die Schuldenkriterien der Europäischen Wirtschaft- und Währungsunion ausgesetzt, massive Wirtschaftshilfen zur Sicherung von Beschäftigung auf den Weg gebracht und die EU konnte sich, wenn auch spät, zu einem Aufbauprogramm für die Wirtschaft und einem Programm zur Unterstützung des Kurzarbeitergeldes (SURE) durchringen. Im letzten Herbst hat die EU Kommission überdies ihren Vorschlag für eine »Richtlinie über angemessene Mindestlöhne« veröffentlicht, in dem sie auch Wege zu einer allgemeinen Anhebung der Tarifbindung aufzeigt.

An all diese Fortschritte gilt es jetzt anzuknüpfen, sowohl im Hinblick auf die nächste Bundesregierung als auch mit Blick auf die strategische Agenda der EU-Kommission zur Umsetzung der Europäischen Säule der Sozialen Rechte in den nächsten Jahren. Dreh- und Angelpunkt bleibt hierfür eine Stärkung der Tarifbindung, vor allem durch die Rückkehr zu einer flächendeckenden Geltung von Tarifverträgen. Flächen- bzw. Branchentarifverträge sind und bleiben das zentrale Gestaltungsinstrument zur Sicherung des Werts und der Würde von Arbeit und zu ihrer Aufwertung. Dabei bilden die Arbeitsentgelte sicherlich weiterhin den Kern von Tarifverträgen. Jenseits dessen bemisst sich der Wert der Arbeit aber auch über zahlreiche qualitative Elemente, die in Tarifverträgen geregelt werden. Dazu gehören Arbeitszeiten, Arbeitsbedingungen, Qualifikations- und Weiterbildungsmöglichkeiten, Urlaub und vieles mehr.

Gerade die zunehmende Bedeutung von qualitativen Elementen der Tarifpolitik für die Beschäftigten zeigt, dass sich der Wert der Arbeit nicht nur monetär bestimmen lässt, sondern weitere

Dimensionen für den Wert der Arbeit relevant sind. Beispielhaft stehen dafür die gewachsenen Ansprüche der Beschäftigten auf mehr Zeitsouveränität, wie sie in tarifvertraglichen Wahloptionen (Zeit statt Geld) ihren Niederschlag finden. Auch Fragen der Reduzierung von Arbeitsbelastungen durch ausreichende Personalbemessungen und aktive Maßnahmen zu Gesundheitsförderung belegen, wie sehr ein umfassendes Verständnis von Guter Arbeit inzwischen zum eigentlichen Maßstab für den Wert und die Aufwertung der Arbeit geworden ist. Hinzu kommt, dass Arbeit nie lediglich Mittel zum Zweck des Einkommenserwerbs war, sondern schon immer eine starke soziale Dimension hatte. Erwerbsarbeit ermöglicht gesellschaftliche Teilhabe und ist zugleich eine Quelle für Anerkennung und soziale Identität. Mindestlöhne haben ohne Einschränkung eine wichtige Funktion, um als unterste Haltepunkte den monetären Wert der Arbeit abzusichern. Zur Aufwertung der sozialen Dimension von Erwerbsarbeit sind sie nicht geeignet. Daher ist die Stärkung der Tarifbindung für die Aufwertung von Arbeit elementar und wäre ein Quantensprung für viele Beschäftige.

Unabhängig von der »Corona-Krise« bleibt es dabei, dass wir in den von Digitalisierung und vom Klimawandel angetriebenen gesellschaftspolitischen Debatten eine weit intensivere Auseinandersetzung mit der Frage brauchen, was Gute Arbeit und deren Wert ausmacht. Eine Politik für Gute Arbeit ist der Schlüssel für soziale Gerechtigkeit, gesellschaftlichen Zusammenhalt, für ein gutes Leben und eine nachhaltige Entwicklung. Eine solche Politik muss hohe Ansprüche erfüllen. Sie muss Arbeitsplätze mit verlässlichen Zukunftsperspektiven schaffen, ausbauen und dauerhaft sichern. Sie muss qualitativ hochwertige Arbeitsbedingungen gewährleisten, die ein materiell gutes Auskommen sichern, die der Gesundheit nicht schaden, die den Ansprüchen von Menschen nach Sinn, Selbst- und Mitbestimmung genügen, Wertschätzung durch Arbeitgeber*innen und öffentliche Anerkennung mit sich bringen und die Umwelt nicht zerstören. Und sie muss neben den

Arbeitsbedingungen auch die Lebensbedingungen der Beschäftigten in den Blick nehmen, indem sie nicht zuletzt für bezahlbaren Wohnraum sorgt.

Um Medien, Öffentlichkeit und Politik stärker für das Thema Arbeitsbedingungen zu sensibilisieren und eine breite Debatte darüber zu verstetigen, hat der DGB schon 2007 den Index Gute-Arbeit ins Leben gerufen. Seitdem werden für die Index-Erstellung auf empirisch wissenschaftlicher Grundlage jährlich bundesweit Arbeitnehmerinnen und Arbeitnehmer gefragt, wie sie ihre Arbeitssituation bewerten. Diese repräsentative Vermessung der Qualität von Arbeit erhält dadurch politische Relevanz, dass sie Beschäftigte nicht aus einer soziologischen Perspektive betrachtet, sondern sie selbst als Experten ihrer Arbeitswelten zu Wort kommen lässt.

Der Index Gute Arbeit ist nicht ohne Vorläufer. Schon 1975 legte das damalige Bundesforschungsministerium, ausgelöst vom Automatisierungsschub in der Industrie, das Programm »Humanisierung der Arbeitswelt« auf, das mit der Wende 1989 auslief. Seit dem Jahrtausendwechsel prägen beschleunigte technologische Entwicklungen, die unter dem Stichwort Digitalisierung beziehungsweise künstliche Intelligenz firmieren, vor allem Aspekte des sich verschärfenden globalen Wettbewerbs sowie gesellschaftliche Werteverschiebungen, die eine neue Ausbalancierung zwischen Arbeits- und Lebenswelt nach sich ziehen, sowie seit einigen Jahren die Klimapolitik die Umbrüche in Arbeitswelt, Wirtschaft und Gesellschaft. Gute Arbeit wertepragmatisch zu gestalten, bedeutet heute, dass für diese Prägekräfte soziale Leitplanken gesetzt werden, durch die sie im Interesse der Beschäftigten in geordnete Bahnen gelenkt werden.

Ein zentraler Bestandteil gewerkschaftlicher Arbeit war und ist es, auf wissenschaftlicher Grundlage die komplexen Herausforderungen für die Arbeitswelt zu beschreiben und daraus Gestaltungsperspektiven abzuleiten und umzusetzen, die sich an den genannten Kriterien für Gute Arbeit orientieren. Daher hat der DGB gemeinsam mit der Hans-Böckler-Stiftung (HBS) 2015 die

Publikation »Arbeit der Zukunft« herausgegeben, in der eine Tour d'Horizon aktueller arbeitsweltlicher Entwicklungen erfolgt, die wissenschaftlich und handlungsorientiert analysiert werden. Die im gleichen Jahr von der HBS eingesetzte Kommission »Arbeit der Zukunft«, bestehend aus Wissenschaftler*innen und Praktiker*innen aus Betrieb, Unternehmen, Gewerkschaften und Politik, veröffentlichte 2017 unter dem Titel »Arbeit transformieren« ihren Abschlussbericht. Die darin formulierten Denkanstöße sind vor allem von der Ausgangsfrage geleitet, wie der rasante Wandel in Wirtschaft und Arbeitswelt zukünftig so gestaltet werden kann, dass nicht primär Verunsicherung und wachsende Zukunftssorgen in der Gesellschaft das Ergebnis sind – sondern vielmehr eine umfassende Anerkennung des Werts von Arbeit, der weit über die rein materielle Existenzsicherung hinausgeht und gerade auch in ihrem wichtigen Beitrag zur sozialen und damit demokratischen Teilhabe liegt.

An diese beiden Publikationen knüpft der vorliegende Band »Arbeit aufwerten – Demokratie stärken« aus der Perspektive der acht Vorsitzenden der DGB-Mitgliedsgewerkschaften an. Er zeigt, wie die Gewerkschaften die Herausforderungen einer sich rasant verändernden Arbeitswelt annehmen. Sie füllen den Begriff des »Werts« der Arbeit mit den unterschiedlichen und vielfältigen Wirklichkeiten ihrer jeweiligen Branchen und Organisationsbereiche. Sie zeigen auch, dass die aktuellen Herausforderungen nicht naturgegeben, also nicht unabänderlich sind. Auch wenn sie keine Gewissheit haben, wie die Arbeit der Zukunft aussehen wird, und deshalb keine letztgültigen Blaupausen für ihre Gestaltung liefern können, nicht über die alle Probleme lösende Antwort verfügen, so bieten Gewerkschaften doch Gestaltungsperspektiven an, die auf den Erhalt und den Ausbau sozialer und demokratischer Errungenschaften abstellen. Ihre Gestaltungsperspektiven orientieren sich nicht an utopische Versprechen oder schon gar nicht an der Hoffnungslosigkeit von Dystopien. Der Gestaltungsanspruch und die Gestaltungskraft von Gewerkschaften ist anders begründet: Sie sind nicht nur Expertinnen der Arbeitswelt, sondern haben sich in ihrer Geschichte auch als erfahrene und erfolgreiche Pragmatikerinnen des wirtschaftlichen Strukturwandels bewährt. Dabei verstehen sie sich nicht nur als reine Interessenvertretung ihrer Mitglieder, sondern haben immer die gesamtgesellschaftliche Entwicklung im Blick behalten.

Mit diesem Buch wollen wir verdeutlichen, wofür DGB und Gewerkschaften stehen und wie sie ihre Ziele, Arbeit aufzuwerten und Demokratie zu stärken, aus den jeweiligen branchenspezifischen Perspektiven verwirklichen wollen.

Ausgangspunkt für **Jörg Hofmann**, Erster Vorsitzender der IG Metall, ist die Forderung, dass die weitreichende Transformation von Wirtschaft und Gesellschaft sozial, ökologisch und demokratisch gestaltet wird und »den Menschen mit dem Wert seiner Arbeit« in den Mittelpunkt stellt. Einen zentralen Treiber des Wandels sieht er in der Klimapolitik, wobei für ihn – stellvertretend für alle Gewerkschaften unter dem Dach des DGB – die Unterstützung der Pariser Klimaschutzziele völlig außer Frage steht. Der Spagat zwischen der Verteidigung Guter Arbeit mit Tarifverträgen und Mitbestimmung einerseits und der Einsicht in die Dringlichkeit des ökologischen Umbaus der Industrie andererseits seien enorm – ebenso wie das damit einhergehende Risiko der Spaltung von Gesellschaft und Belegschaften. Um dieser Gefahr offensiv zu begegnen, plädiert Hofmann für eine Strategie des »FairWandel« – eines Wandels, der wirtschaftlichen Wohlstand mit Guter Arbeit in einer lebenswerten Umwelt verbindet. Die Erreichung dieses Ziels ist zwar voraussetzungsvoll, kann aber gelingen. Mit einer vorausschauenden Industriepolitik, regionalen Transformationsnetzwerken und einer aktiven Arbeitsmarktpolitik, die Brücken in die Arbeitswelt von morgen baut. Außer Zweifel steht, dass eine demokratische Transformation nur mit mehr Mitbestimmung gelingen kann und die Beschäftigten beteiligt werden müssen. Beherzt spricht sich Hofmann dagegen aus, die Transformation negativ und pessimistisch als Bedrohung wahrzunehmen. Stattdessen setzt er auf eine Transformation von Arbeit und Gesellschaft, die sozial, ökologisch und demokratisch gestaltet wird. Das bedeutet nichts anderes, als den Wert lebendiger Arbeit in den Mittelpunkt zu stellen.

Für eine nachhaltige Industriepolitik, die Gute Arbeit und den Wert der Arbeit ins Zentrum rückt, spricht sich auch **Michael Vassiliadis**, Vorsitzender der IG BCE, aus. Für ihn sind die Digitalisierung und die ökologische Transformation zentrale Gestaltungsfelder, bei denen es auch darum geht, alles dafür zu tun, das die Qualifikations- und Einkommensschere zwischen den Beschäftigungsgruppen nicht weiter auseinanderdriftet. Ausgehend von vier möglichen Szenarien gesellschaftlicher und wirtschaftlicher Entwicklungspfade setzt er auf das Szenario »smartes Wachstum« als eine wünschenswerte Entwicklungsoption, das sich aber nicht von selbst realisieren wird. Für das Gelingen des tiefgreifenden Strukturwandels braucht es die stärkere Verankerung demokratischer Gestaltungsprinzipien auch in Wirtschafts- und Arbeitswelt. Dazu gehören der Ausbau von Mitbestimmungsrechten und eine belastbare Sozialpartnerschaft genauso wie ein funktionierender Sozialstaat und ein handlungsfähiges Gemeinwesen. Nicht zuletzt muss unser Bildungssystem gestärkt und modernisiert werden, damit die Beschäftigten für die Zukunft gut aufgestellt sind. Für Vassiliadis ist unstrittig, dass wir die Transformation nur im europäischen Maßstab erfolgreich organisieren können. Die ambitionierten Hilfspakete der EU seien ein wichtiges Signal der Solidarität und hoffentlich der Beginn eines Paradigmenwechsels in der europäischen Politik. »Wir brauchen ein stärkeres Füreinander-Einstehen der EU-Mitgliedsländer, denn Krisen meistern wir besser gemeinsam.«

Viel Aufmerksamkeit haben in Zeiten der Pandemie unter anderem die Beschäftigten in den sozialen Dienstleistungen erhalten. Ihre Arbeit ist für das Funktionieren unserer Gesellschaft von herausragender Bedeutung. **Frank Werneke**, Vorsitzender von ver.di, fragt in seinem Beitrag: Was ist unserer Gesellschaft die Arbeit in den sozialen Dienstleistungsberufen, die Arbeit von Menschen für

Menschen in schwierigen sozialen Lebenslagen wert? Für ihn ist die Diskrepanz zwischen der gesellschaftlichen Bedeutung dieser Berufe und den dort herrschenden Lohn- und Arbeitsbedingungen eklatant. Es sind vor allem Frauen, die in den sozialen Berufen die Arbeit machen, oft in Teilzeit, mit niedrigen Gehaltsniveau und schlechten Arbeitsbedingungen. Eine Folge ist, dass Frauen fast 40 Prozent geringere Renten im Alter erhalten als männliche Kollegen. Auch deshalb, so betont Werneke, sei ein radikales Umdenken erforderlich und eine deutliche Aufwertung der Arbeit dringend geboten. Um dies zu erreichen, muss es jetzt vor allem darum gehen, die Tarifbindung deutlich zu erhöhen und die Mitbestimmung endlich zu stärken.

Marlis Tepe, Vorsitzende der GEW skizziert in ihrem Beitrag die zahlreichen Baustellen unseres Bildungssystems von der frühkindlichen Bildung bis zur Weiterbildung Erwachsener. Marode Schulgebäude, völlig unzureichende digitale Infrastrukturen, fehlende Fachkräfte und hohe Arbeitsbelastung bilden schwere Hürden bei der Erfüllung des demokratischen Bildungsauftrags. Gute Bildung ist eine zentrale Platzanweiserin in unserer Gesellschaft und entscheidet über die berufliche Zukunft junger Menschen. Für die GEW und alle DGB Gewerkschaften gilt: Gute Bildung muss für alle zugänglich und darf nicht von der sozialen Herkunft abhängig sein. Es ist höchste Zeit, so Tepe, für eine andere, eine bessere Bildungspolitik.

Robert Feiger, Vorsitzender der IG BAU, spannt den Bogen zwischen bezahlbarem Wohnraum, der Förderung eines klimaneutralen Gebäudesektors, digital gestützter Bauprozesse und tarifgebundener Arbeit. Die Defizite beim sozialen Wohnungsbau und der Mangel an bezahlbarem Wohnraum sind nicht erst seit dem Ausbruch der Corona-Pandemie sichtbar geworden, sondern Ergebnis jahrzehntelanger politischer Fehlentwicklungen. Die sozialen Folgen sind verheerend und treffen inzwischen auch Haushalte mit mittlerem Einkommen, die zum Teil mehr als 30 Prozent ihres Nettoeinkommens für Mieten aufbringen müssen. Für die

Revitalisierung der sozialen Wohnungspolitik schlägt er eine Kombination von Instrumenten vor, deren Einsatz zugleich zu mehr Beschäftigungssicherheit bei hoher Tarifbindung in der Bauwirtschaft führen würde.

Beginnend mit einem interessanten historischen Rückblick in die lokale Fleischversorgung der zwanziger Jahre des 20. Jahrhunderts beschreibt **Guido Zeitler**, Vorsitzender der NGG, wie sich die Branche und ihre Arbeitsbedingungen verändert haben. Wurden Schlachter und Zerleger einst für ihre schwere Arbeit angemessen bezahlt, verdienen sie heute nicht viel mehr als den Mindestlohn. Die skandalösen Arbeitsverhältnisse in der Fleischindustrie, die seit Jahren bekannt sind, wurden durch die hohen Corona-Infektionszahlen im Frühjahr 2020 in den Mittelpunkt des öffentlichen, politischen und medialen Interesses gerückt. Es war ein beachtlicher gewerkschaftlicher Erfolg, dass zum 1. Januar 2021 Werkverträge in der Branche verboten wurden. Wie Zeitler aber deutlich macht, muss mehr getan werden, um den Wert der Arbeit dauerhaft zu erhöhen. Ordentliche Tarifverträge und starke Betriebsräte sind auch in der Lebensmittelindustrie die besten Garanten für Gute Arbeit. Gesunde Ernährung für alle und klimafreundlich produzierte Lebensmittel auf Basis von guten und fairen Arbeitsbedingungen – um dorthin zu gelangen, bedarf es eines breit angelegten gesellschaftlichen Diskussions- und Aushandlungsprozesses. Darüber, so der NGG-Vorsitzende, lohnt es sich zu debattieren – wenn nötig auch zu streiten.

Auch für **Klaus-Dieter Hommel**, den Vorsitzenden der EVG, bemisst sich der Wert der Arbeit schon lange nicht mehr alleine an Löhnen und Gehältern. Gesunde Arbeitsbedingungen, die Vereinbarkeit von Beruf und Leben, Wahloptionen zwischen Geld und Zeit (Zeitsouveränität) gewinnen für die Beschäftigten seit Jahren an Bedeutung und sind aus ihrer Sicht eine immer wichtigere Messlatte für die Wertschätzung ihrer Arbeit. Das stelle auch neue Anforderungen an die gewerkschaftliche Arbeit der EVG. Früh habe man sich deshalb auf dem Weg in tarifpolitisches Neuland gemacht und das mit beachtlichem Erfolg. Als Beispiel dafür nennt Hommel den Tarifvertrag Digitalisierung, der zeige, wie digitale Prozesse in der Arbeitswelt künftig unter frühzeitiger Beteiligung der Beschäftigten gestaltet werden können.

In einem sehr persönlich geschriebenen Beitrag zeigt **Oliver Malchow**, Vorsitzender der GdP, dass der Wert polizeilicher Arbeit sich weder an herkömmlichen Produktivitätsmaßstäben, der Zahl an Kundenkontakten noch alleine an der Entlohnung bemessen lässt. Das gilt für viele Berufe in gleicher Weise. Arbeit ist mehr als Broterwerb. Die spezifischen Wertperspektiven polizeilicher Arbeit erschlössen sich aber erst, so Malchow, wenn in den Blick genommen werde, dass innere Sicherheit für unsere demokratische Gesellschaft gleichermaßen soziale Sicherheit bedeutet. Die eine Form von Sicherheit kommt ohne die andere nicht aus. Nicht zuletzt deshalb wird in allen Umfragen die Arbeit der Polizei wertgeschätzt und genießt hohes Vertrauen. Im krassen Widerspruch dazu stünden, so analysiert Malchow, unterschiedliche Formen der Entwertung polizeilicher Arbeit in den letzten Jahrzehnten. Der massive Personalabbau und eine verfehlte Rotstiftpolitik haben zu enormen Belastungen und schlechten Arbeitsbedingungen geführt. Zugleich ist die Arbeit im Polizeidienst risikoreicher geworden. Beleidigungen, Übergriffe, auch physische Gewalt sind keine Seltenheit mehr, sondern gehören mittlerweile zum Arbeitsalltag von Polizisten*innen und anderen Berufsgruppen, die täglich im Dienst der Gesellschaft stehen. Um dem entgegenzuwirken, haben der DGB und seine Mitgliedsgewerkschaften 2020 die Initiative »Vergiss nie, hier arbeitet ein Mensch« gestartet – eine Initiative für mehr Respekt gegenüber den vielen öffentlich Beschäftigten unterschiedlicher Berufsgruppen, die unser Land täglich am Laufen halten.

Wertschätzung für die vielfältige Arbeit der Menschen und Widerstand gegen jegliche Form der Entwertung lebendiger Arbeit – beides leistet einen unverzichtbaren Beitrag zur Verteidigung und Stärkung unserer Demokratie. Dies zeigt sich gerade auch im täglichen Umgang mit den Kolleginnen und Kollegen im Polizeidienst. Ausgedrückt in den Worten des GdP-Vorsitzenden heißt das »Wertschätzung ist keine Einbahnstraße. Wer Wertschätzung erfährt, spiegelt diese wider«.

Abschließend benennen die Mitglieder des **Geschäftsführenden Bundesvorstandes des Deutschen Gewerkschaftsbundes** (GBV) konkrete Anforderungen an ein gutes Regieren, um Arbeit aufzuwerten. Es wird ein dringender Handlungsbedarf beschrieben, um die Mitbestimmung und das Tarifvertragssystem als Grundpfeiler der sozialen Ordnung vor weiteren Erosionen zu schützen und zu stärken. Denn diese Ordnung wird von Unternehmen und Arbeitgeber*innen zunehmend untergraben. Als eklatanteste Form der Missachtung demokratischer Grundrechte wird die illegale Behinderung oder gar Verhinderung von Betriebsratswahlen genannt. Dies muss ebenso sanktioniert wie die Initiativ- und Mitbestimmungsrechte durch eine Reform des Betriebsverfassungsgesetzes erweitert werden müssen, um die Transformationsprozesse sozial und demokratisch gestalten zu können. Dringend notwendig ist ebenso eine Reform der Unternehmensmitbestimmung, um die vielfältigen Lücken im deutschen und europäischen Mitbestimmungsrecht zu schließen, und somit Unternehmen zukünftig daran zu hindern, sich der Kontrolle durch Arbeitnehmer*innen zu entziehen. Zur Stärkung ihrer Bedeutung für eine Wirtschaftsdemokratie und zur Erhöhung ihrer Reichweite sollen die gesetzlichen Schwellenwerte der Unternehmensmitbestimmung abgesenkt werden. Zudem wird für den Ausbau der Mitbestimmung analog zum Modell der Montanmitbestimmung plädiert, da dieses demokratischer gestaltet ist.

Politischer Handlungsbedarf wird auch für das Tarifvertragssystem dargelegt. Durch die zunehmende Flucht von Arbeitgeber*innen aus und vor Tarifverträgen wird deren positiver Einfluss auf gute Arbeits- und Bezahlungsbedingungen ausgehebelt, vor allem zulasten von Frauen und Migrant*innen. Zur Aufwertung der Arbeit und auch zur Gewährleitung fairer Wettbewerbsbedingungen, so der GBV, muss die Tarifbindung gestärkt werden. Dazu gehört es unter anderem, Allgemeinverbindlichkeitserklärungen von Tarifverträgen gesetzlich zu erleichtern sowie die Tarifbindung bei der öffentlichen Auftragsvergabe durch Tariftreuegesetze auf Landes- und Bundesebene zu stärken.

Die Stärkung von Mitbestimmung und Tarifbindung würde einen erheblichen Beitrag zum Abbau der Benachteiligung von Frauen auf dem Arbeitsmarkt leisten, der von einer horizontalen und vertikalen Segregation geprägt ist. Diese Segregation bedeutet einerseits ein ungleiches Verhältnis von weiblichen und männlichen Beschäftigten in Berufen und Branchen und andererseits eine ungleiche, Frauen erheblich benachteiligende Verteilung von Führungspositionen und Aufstiegsmöglichkeiten. Zum Abbau dieser Ungleichheiten und der Aufwertung von schlecht bezahlten frauendominierten Tätigkeiten wird die Nutzung des Comparable-Worth-Indexes vorgeschlagen. Auf Grundlage dieses Indexes sollen psychosoziale Belastungen, unten denen vor allem Frauen zu leiden haben, in die Bewertung von Tätigkeiten einbezogen werden, um daraus bessere Arbeitsbedingungen und Bezahlungen abzuleiten. Zudem bedarf es einer Kehrtwende in der unbezahlten Sorgearbeit, die ein Hauptgrund dafür ist, dass Frauen hinsichtlich von Aufstiegschancen und Führungspositionen erheblich benachteiligt sind. Nur, wenn unbezahlte und bezahlte Arbeit zwischen Frauen und Männern gleich aufgeteilt wird, kann die Arbeit von Frauen aufgewertet und die Gerechtigkeitslücke zwischen den Geschlechtern geschlossen werden.

Schließlich werden Perspektiven einer neuen aktiven Arbeitsmarktpolitik skizziert, deren Kernpunkt die Abkehr vom Prinzip des Forderns und die Stärkung des Förderns sein muss. Denn das mit den Hartz-Reformen in die Arbeitsmarktpolitik implementierte Zumutbarkeitskriterium hat zu einer massiven Dequalifizierung und Entberuflichung von Arbeitssuchenden und damit zur Entwertung von Arbeit geführt. Eine nachhaltige Arbeitsmarktpolitik des Förderns muss sich zukünftig an werthaltiger Arbeit orientieren und bereits vor dem Einstieg ins Berufsleben durch Beratungsangebote für junge Menschen beginnen. In Hinblick auf die sich stetig wandelnde Arbeitswelt mit neuen Qualifikationsanforderungen müssen Arbeitssuchende einen Rechtsanspruch auf geförderte Weiterbildung erhalten. Ebenso zu einer aktiven Arbeitsmarktpolitik gehört für Beschäftigte ein Rechtsanspruch gegenüber dem Arbeitgeber auf eine finanziell geförderte Freistellung für Weiterbildung.

Die im vorliegenden Band formulierten Vorschläge zur Aufwertung der Arbeit unterstreichen, dass Gewerkschaften Verantwortung für die Gestaltung einer sozial gerechten Arbeitswelt und somit für den gesellschaftlichen Zusammenhalt tragen. In Hinblick auf den sozial-ökologischen Transformationsprozess fordern sie von der Politik einen nachhaltigen, zukunftstauglichen Beitrag zu Sicherung und zu Schaffung von Arbeitsplätzen, die den Kriterien Guter Arbeit entsprechen. Daran werden sich die Parteien im Bundestagswahlkampf messen lassen müssen.

Reiner Hoffmann, Vorsitzender des DGB
Berlin im Mai 2021

1 It's the work, stupid!

FairWandel geht nur mit guter Arbeit

Jörg Hofmann

Was das Superwahljahr 2021 für die Menschen in diesem Land jenseits der Corona-Krise bereithält, wird sich in den kommenden Monaten und Jahren zeigen. Weitgehend unumstritten dürfte aber die Einschätzung sein, dass Arbeit, Wirtschaft und Gesellschaft zu Beginn des Jahrzehnts vor umfassenden Veränderungen stehen. Klimawandel, Digitalisierung, Verschiebungen der globalen Kräfteverhältnisse, die Triebfedern und Herausforderungen dieser Transformation sind vielfach beschrieben. Die Digitalisierung bringt neue Produkte hervor, strukturiert Produktions- und Arbeitsprozesse neu, Berufsbilder und Qualifikationsbedarfe wandeln sich.[1] Der Weltmarkt wird digitaler, Wertschöpfungsketten und Märkte verändern sich durch globale Vernetzung und neue Geschäftsmodelle, etablierten Unternehmen erwächst aufstrebende Konkurrenz – bisweilen im eigenen Hinterhof, wie das Beispiel Tesla zeigt. Im handels- und wettbewerbspolitischen Ringen steht die exportorientierte deutsche Industrie zunehmend unter Druck. Wie brüchig globale Lieferketten werden können, offenbarte die Corona-Krise mit ihren infektionsschutzbedingten Lockdowns eindrücklich. Und der Klimawandel erzeugt einen enormen Veränderungsdruck auf die deutsche Industrie. Die Vision eines klimaneutralen Industrielandes, das Umwelt und Klima schützt, ein besseres Leben und Gute Arbeit für alle ermöglicht – sie wirkt sinnvoll und einladend. Zugleich aber auch voraussetzungsvoll.

Denn einige Unternehmen unserer Branchen haben sich zwar auf den Weg gemacht, ihre Geschäftsmodelle, Produkte und Prozesse auf die Anforderungen einer klimafreundlichen Wirtschaftsweise auszurichten. Mehrere Stahlbetriebe versuchen sich in ersten Pilotprojekten an der Produktion von Stahl mit Wasserstoff als Reduktionsmittel. Die Autoindustrie bringt Alternativen zum fossil betriebenen Verbrennungsmotor auf den Markt und feilt an neuen Mobilitätskonzepten. Doch fehlen häufig langfristige Strategien für den Strukturwandel. Die Arbeitgeber nutzen Corona stattdessen, um den Deckmantel einer scheinbar krisenbedingten Zwangsläufigkeit über ihren »strategischen Ansatz« für die Transformation zu werfen. Das heißt im Klartext: Klassische Restrukturierungsprogramme werden zeitlich vorgezogen, mit Personalabbau im großen Stil.[2] Konflikte um Entgelte, Arbeitsbedingungen, Beschäftigung, Standorte und die Zukunft ganzer Wirtschaftsregionen sind vielfach an der Tagesordnung – trotz klarer Erholungssignale, die die Industrie im Frühjahr 2021 relativ optimistisch auf die kommenden Monate blicken lassen. Wenig überraschend beklagen auch viele Beschäftigte die Strategielosigkeit ihrer Arbeitgeber, wie eine von der IG Metall 2020 durchgeführte Beschäftigtenbefragung ergeben hat.

Nun mögen betriebliche und unternehmensbezogene Abbau- und Verlagerungspläne zwar nicht auf ungeteilte öffentliche Zustimmung stoßen. In der Alltagswahrnehmung von Klimawandel, Corona-Krise und wirtschaftlichen Verwerfungen scheinen sie für so manche Beobachter*in aber eine gewisse Sinnhaftigkeit zu beanspruchen. Als Vorbote für ein Wirtschaftsmodell, dass auf Klimagerechtigkeit, Postwachstum und De-Industrialisierung fußt. Industrie ist hier von gestern, schmutzig, laut, störend, Dienstleistungstätigkeiten, Care-Arbeit und die Wissensgesellschaft hingegen das Gebot der Stunde, für die Gesellschaft von morgen. Was aus den betroffenen Beschäftigten werden soll? Einfach umschulen, Pfleger*innen und Erzieher*innen werden schließlich benötigt.[3] In dieser Zuspitzung mag man das als vereinfachten Blick auf ökonomische, politische und gesellschaftliche Zusammenhänge abtun. Andere verweisen daher auch lieber darauf, dass in Wirtschaftszweigen grüner Technologien und klimafreundlicher

Mobilität neue Beschäftigung entstehen kann.[4] Doch häufig weder so schnell, wie sie in den von Beschäftigungsabbau betroffenen Betrieben und Branchen wegbrechen, noch zwangsläufig in den jeweiligen Regionen. Und auch nicht ohne umfassende Qualifizierungsmaßnahmen, die zuweilen noch gar nicht entwickelt wurden. Dass innovative industrielle Wachstumsbranchen in Deutschland und Europa gehalten oder angesiedelt werden, ist zudem keineswegs ausgemacht. Nicht nur Billiglohnländer locken, andere Industrienationen und auch Schwellenländer bieten ebenfalls gute, teilweise auch bessere Standortbedingungen.

Umso weniger verwerflich muten die Vorbehalte vieler Kolleg*innen und Betriebsräte an: Warum Dekarbonisierung der Industrie, warum Energie- und Mobilitätswende, wenn der eigene Arbeitsplatz dabei unter die Räder kommt? Der Spagat zwischen der Verteidigung erkämpfter Standards und Sicherung von Beschäftigung einerseits und Einsicht in Notwendigkeit wie Dringlichkeit des ökologischen Umbaus der Industrie andererseits – er wird nicht kleiner. Die IG Metall arbeitet daher mit aller Kraft gegen die Spaltung von Gesellschaft und Belegschaften in Gewinner*innen und Verlierer*innen der Transformation. Der Erfolg der sozial-ökologischen Transformation entscheidet sich nicht allein an Reißbrettern, Fördervolumen und Ausbaupfaden. Es geht um Fragen der Akzeptanz, um individuelle Betroffenheit, darum, Beschäftigte nicht nur »mitzunehmen«, sie vielmehr anzuhören und in die Wandlungsprozesse einzubeziehen.

Im Jahr der Bundestagswahl trommelt die IG Metall für einen fairen Wandel, für einen *FairWandel* mit einem industriellen Entwicklungsmodell, das sozial und ökologisch nachhaltig ist, das wirtschaftlichen Wohlstand, gute und sichere Arbeit und eine lebenswerte Umwelt verbindet. Es geht um mehr als eine sozialökologische Transformation, die quasi nebenbei nach demokratischen Prinzipien geformt werden soll. Wir fordern eine Transformation, die sozial, ökologisch *und demokratisch* gestaltet wird – und den Menschen mit dem Wert seiner und im Mittelpunkt sieht. Wir müssen das Recht der Beschäftigten als Teilhabende und Gestaltende festigen. Und wir fordern den Ausbau und die Stärkung von Mitbestimmung und Tarifverträgen. Das sind entscheidende Instrumente, um aus der sozialökologischen Transformation einen erfolgreichen FairWandel zu machen.

Ökologische Transformation – den Umbau der Industrie aktiv begleiten

Eine aktive Industriepolitik braucht Förderinstrumente, die Standorte, Beschäftigung und Gute Arbeit sichern und zukunftsfest weiterentwickeln, die an Kriterien sozial verantwortlicher und nachhaltiger Unternehmensführung orientiert sind, den ökologischen Umbau fördern und vollständige industrielle Wertschöpfungsketten in Deutschland beziehungsweise Europa zum Ziel haben. Und sie braucht einen fairen wettbewerbs- und beihilferechtlichen Rahmen, der der Politik nicht alle Instrumente der Steuerung aus der Hand schlägt. Soweit zum großen, abstrakten Rahmen. Wesentliche Grundlage bleiben jedoch die zwei großen »*I*"*s*: Infrastruktur und Investitionen. Der schnellere, gesellschaftlich akzeptierte Ausbau Erneuerbarer Energien ist angesichts des beträchtlich steigenden Energiebedarfs in Industrie, Gebäudewärme und Verkehrssektor von entscheidender Bedeutung. Die Nachhaltigkeitsbilanz von Elektrifizierung und Elektrolyse hängt von der Produktion grünen Stroms ab, von intelligenten Stromnetzen, Ladeinfrastrukturen und Speicherkapazitäten. Eine Politik für private und öffentliche Investitionen[5] muss darauf zielen, die Daten-, Energie- und Verkehrswegeinfrastruktur zu erneuern und auszubauen. Investitionsbedarfe ergeben sich ferner in der Umstellung von Produkten und Produktionsprozessen. Der Umbau der Stahlindustrie zu einem grünen Pfeiler industrieller Wertschöpfung erfordert beispielsweise gewaltige Investitionen,[6] die diese Industrie nicht alleine aufbringen kann. Sie ringt mit erhöhten operativen Kosten, internationaler Konkurrenz, Carbon Leakage und Ökodumping.

Wie wichtig eine aktive staatliche Industriepolitik ist, wird nicht zuletzt beim Blick auf den Wandel der Automobilindustrie und weiterer Mobilitätssektoren wie dem Schiff- und Flugzeugbau oder der Bahnindustrie offenkundig. Der ökologische Umbau in der Automobilindustrie betrifft Hunderttausende Beschäftigte und zahlreiche Regionen. Vor allem klein- und mittelständischen Zulieferern an erster, zweiter und dritter Stelle der Wertschöpfungskette fehlen dabei vielfach langfristige Perspektiven. Sie sind nicht selten auf bestimmte Bauteile von Verbrennungsmotoren spezialisiert, damit mitunter Weltmarktführer, vor allem aber wichtige Arbeitgeber auch jenseits der größeren Wirtschaftsregionen.

Ein zentraler Grund für den Umbau unserer Industrien ist die Klimapolitik. Vorab sei betont: Die IG Metall bekennt sich zu den Pariser Klimaschutzzielen und ihren Verpflichtungen, sie spricht sich für ambitionierte und realistische Ziele in der europäischen und deutschen Klimagesetzgebung aus. Medienwirksam verkündete Ausstiegsdaten und Grenzwertdebatten ohne Umsetzungsperspektive sind gleichwohl wenig hilfreich. Zielführender und bedeutsamer ist das Instrument regionaler Strukturpolitik, unter Beteiligung von Gewerkschaften, Betriebsrät*innen, Beschäftigten und zentralen wirtschaftlichen Akteur*innen. In Transformationsnetzwerken und -bündnissen können Strategien und Konzepte für Regionen entwickelt und Betriebe bei der Orientierung auf künftige Produkte, Geschäftsmodelle und Wertschöpfungsketten unterstützt werden. An technischen und betriebswirtschaftlichen Ideen und Ansatzpunkten mangelt es in der Regel nicht. In der Automobil- und Zulieferindustrie sind etwa Leistungs- und Mikroelektronik, Batteriefertigung, Recycling- und Aufbereitungsmodelle oder vielfältige Mobilitätsdienstleistungen zu nennen. In der Luftfahrtindustrie, in der Bahnindustrie und im Schiffbau geht es ebenfalls um alternative Antriebstechnologien, um den Einsatz von Wasserstoff, Lärmminderung oder Leichtbautechnologien. Und im Maschinen- und Anlagenbau eröffnen sich bei der Kopplung und Verzahnung aller Energie- und Wärmesektoren, bei Speichertechnologien, Stromnetzen oder der Gebäudetechnik potentielle Zukunftsmärkte.

Eine proaktive regionale Strukturpolitik soll mit den beschriebenen Strukturen und Akteur*innen vor Ort von Bund und Ländern auch finanziell unterstützt werden, etwa durch Transformationsfonds. Das ist nicht nur in akut strukturschwachen Regionen erforderlich, sondern überall dort, wo Veränderungen dominierender Wertschöpfungs- und Geschäftsmodelle sichtbar werden.[7] Wichtig dabei: Strukturpolitik darf sich nicht auf eine einseitig technikzentrierte Förderung von Forschung und Entwicklung, Spitzenclustern und Grundlagenforschung beschränken. Sie muss zur Sicherung von Beschäftigung beitragen, Beschäftigte in konkreten Projekten einbeziehen, Perspektiven vermitteln und Gute Arbeit in den Regionen fördern. Deshalb sollte regionale Strukturpolitik stets auch Arbeitsmarkt- und Qualifizierungspolitik beinhalten. In regionalen Weiterbildungsverbünden[8] können Angebote für die Belegschaften von heute gemacht werden, die sie in die Arbeit von morgen begleiten – ohne gleich den Branchenwechsel auszuloten, stattdessen nach Möglichkeit an bisherige Tätigkeitsbereiche anknüpfend. Denn: Bei aller notwendigen Flexibilität darf nicht vergessen werden, dass Arbeit auch identitätsstiftend ist. Überhaupt ist die soziale Anerkennung der Beschäftigten von zentraler Bedeutung.

Soziale Transformation – Brücken in die Arbeitswelt von morgen bauen

Umso schwerer wiegt die Tatsache, dass es nach wie vor an einem effektiven Instrument mangelt, dass es Betrieben, die für eine gewisse Übergangszeit größere Umbauprozesse mit Produktionseinbrüchen bewältigen müssen, ermöglicht, Kurzarbeit und Qualifizierung zu verbinden – mit dem Ziel der Beschäftigungssicherung auch unter veränderten Bedingungen im Betrieb. Die IG Metall fordert daher weiterhin die Einführung eines Transformationskurzarbeitergelds, dass den Lohnersatz und die Kosten für eine berufliche Weiterbildung während der Kurzarbeit gewährleistet, auf einer verbindlichen Qualifizierungsplanung beruht und vom Betriebsrat mit verhandelt wird. Zusätzlich sollte das Transferkurzarbeitergeld weiterentwickelt werden, indem die Bezugsdauer auf 24 Monate verlängert und die Förderung der Weiterbildungskosten verbessert werden. Erst in diesem zeitlichen Rahmen ist es vielen Beschäftigten möglich, eine tragfähige Qualifizierung oder Umschulung abzuschließen.

In der Corona-Krise konnten Millionen Arbeitsplätze durch Kurzarbeit gesichert werden. Doch waren Ende des Jahres 2020 annähernd 500.000 Menschen mehr arbeitslos als ein Jahr zuvor. Der Schutz der Arbeitslosenversicherung muss allein deshalb ausgebaut werden. Zugang und Bezugsdauer sollten erleichtert und verlängert werden. Es gilt zudem, die Arbeitslosenversicherung zu einer »Arbeitsversicherung« zu entwickeln, die Beschäftigungsfähigkeit und berufliche Perspektiven als wesentliche Aufgaben versteht. Gerade zu Beginn der Corona-Krise mussten wir feststellen, dass die schwächeren und benachteiligten Mitglieder unserer Gesellschaft am härtesten getroffen werden – vor allem in mitbestimmungsfreien Zonen ohne tarifvertragliche Strukturen. Der wohlmeinende Beifall auf den Balkonen dieser Republik kann das bei aller aufrichtigen Solidarität nicht auffangen. Das gilt auch für die Beschäftigtengruppen in den Organisationsbereichen der IG Metall: Die Leiharbeiter*innen und Werkvertragnehmer*innen waren die ersten, die zu zehntausenden über Nacht auf die Straße gesetzt wurden. Auch deswegen erneuern wir unsere wohlbekannten Forderungen zur Eindämmung prekärer Beschäftigung: sachgrundlose Befristungen abschaffen, Leiharbeit und Werkverträge eingrenzen und regulieren, durch eine gesetzlich verankerte kollektive Fortgeltung der Tarifbindung bei Ausgliederung von Betrieben oder Betriebsteilen, durch *Equal Pay* und *Equal Treatment* und eine Erweiterung der Mitbestimmungsrechte bei Fremdvergabe und Outsourcing.

Wir brauchen eine ernst gemeinte Qualifizierungsoffensive für den laufenden und anstehenden Strukturwandel. Betriebsrät*innen verfügen vielfach über gute Kenntnisse, wie sich der Wandel im jeweiligen Betrieb auswirkt und welche Weichen gestellt werden müssen. Berufliche Weiterbildung ist bislang zu selektiv, häufig nur reaktiv. Das müssen wir ändern. Mit dem Qualifizierungschancengesetz und dem Arbeit-von-Morgen-Gesetz wurden wichtige Instrumente eingeführt, um die betriebliche Weiterbildung zu fördern. Dabei kann und sollte es aber nicht bleiben. Betriebsrät*innen benötigen ein wirksames, umfassendes Initiativ- und Mitbestimmungsrecht, um Qualifizierungspläne durch- und umzusetzen, um ein gewichtiges Wort in der Personalplanung sprechen zu können. Die Weiterbildungsberatung muss ausgebaut und gesetzlich anerkannt werden. Eine erfolgreiche Weiterbildungsberatung, etwa durch betriebliche Weiterbildungsmentoren, setzt voraus, dass künftige Anforderungsprofile bekannt sind und Teil einer abgestimmten Beschäftigungs- und Personalentwicklungsstrategie sind, die die geplanten Veränderungen von Produkten und Prozessen antizipiert. Zeit und Geld sind weitere Faktoren: Zu oft scheitert die Qualifizierungsbereitschaft daran, dass betriebliche Abläufe und Freistellungen nicht in Einklang gebracht werden und die Kolleg*innen sich finanzielle Abstriche für den Zeitraum der Weiterbildung schlicht nicht leisten können.

Klar ist daher auch: Brücken in die Arbeitswelt von morgen zu bauen, kann nicht allein Aufgabe staatlicher Arbeitsmarktpolitik sein. Es bedarf der Beteiligung der Beschäftigten, der Stärkung von Mitbestimmung und Tarifbindung. Transformation entscheidet sich in konkreten Unternehmensstrategien über Investitionen, Beschäftigung, Personalentwicklung und Qualifizierung. Darauf Einfluss zu nehmen, etwa über Zukunftstarifverträge, ist erklärtes und mit Nachdruck verfolgtes Ziel der IG Metall. Soziale Transformation wird nicht gelingen, wenn im Zentrum strategischer Entscheidungen keine Balance zwischen Arbeit und Kapital herrscht.

Nötig ist vielmehr ein integratives Zusammenspiel betrieblicher Beteiligungsprozesse, wirksamer Mitbestimmung, tariflicher Aushandlungsprozesse und staatlicher arbeitsmarkt- und sozialpolitischer Flankierung. Diese Integration der Interventions- und Gestaltungsebenen, wie sie im Konzept »Sozialstaat 4.0“[9] angelegt ist, ist unverzichtbar. Es wäre eine irreführende Illusion, diese Herausforderungen dem Individuum und den Marktgesetzen zu überlassen oder allein auf den Gesetzgeber zu schielen.

Demokratische Transformation: mehr Mitbestimmung

Arbeit wird zunehmend neu organisiert. Zugleich wandeln sich die Bedürfnisse und Wünsche der Beschäftigten. Wie, wo, wann, unter welchen Bedingungen Menschen arbeiten: das sind Fragen, um die im betrieblichen Alltag gerungen wird, die gesetzlich reguliert werden. Und nur durch eine starke Mitbestimmung im Sinne der Beschäftigten beantwortet werden können.

Einige Handlungsfelder wurden bereits benannt. Die Checkliste für eine wirksame Mitbestimmung lässt sich natürlich verlängern – was wir im Rahmen unserer Initiative Mitbestimmung auch tun. An dieser Stelle seien zwei Beispiele exemplarisch herausgegriffen: Die IG Metall fordert ein erzwingbares Mitbestimmungsrecht zur Einführung und Ausgestaltung mobiler Arbeit. Es geht dabei unter anderem um gesundheitszuträgliche Arbeitsstandards, die verbindliche Erfassung und Dokumentation von Arbeitszeiten, Schulungen von Beschäftigten und Führungskräften, aber auch darum, Missbrauch durch Arbeitgeber zu verhüten, die mobile Arbeit als Argument für Outsourcing von Tätigkeiten und ganzen Bereichen nutzen oder Büros zulasten der Beschäftigten beliebig verkleinern und reduzieren wollen. Andererseits stehen Betriebsräte vor neuen Herausforderungen, die da heißen: Mensch-Maschine-Kollaboration, predictive maintenance oder KI im Office. Betriebsrät*innen müssen sich hier von externen Sachverständigen unterstützen lassen und wirksame Mitbestimmungsrechte einfordern können, sei es beim Datenschutz oder der Personalauswahl durch Algorithmen.

Die IG Metall fordert schon lange mehr und vor allem wirksame Mitbestimmungsrechte bei Interessenausgleich und Sozialplan. Wer von einer demokratischen Gestaltung der Transformation spricht, darf aber nicht vor strategischen Unternehmensentscheidungen Halt machen. Der Druck auf Standorte durch Konkurrenz, Auslagerung und Ausgliederung nimmt stetig zu, immer mehr Vereinbarungen zur Gestaltung betrieblicher Arbeitsbedingungen werden auf Konzernebene getroffen. Umso wichtiger ist es, die Unternehmensmitbestimmung auszubauen. Wir wollen das Erfolgsprinzip der Montanmitbestimmung ausweiten, den Schwellenwert für die Parität im Aufsichtsrat auf 1.000 Beschäftigte senken. Es bedarf einer Abschaffung des Doppelstimmrechts des Aufsichtsratsvorsitzenden. Außerdem müssen endlich gesetzliche Lücken geschlossen werden, die Arbeitgebern immer wieder die Flucht vor der Mitbestimmung ermöglichen.

Und auch die Tarifbindung muss gestärkt werden. Tarifverträge schützen nicht nur Beschäftigte besser vor Arbeitsplatzverlust, sie regeln vielmehr branchennah Arbeitsbedingungen, Arbeitszeiten und die Entgeltfindung bei sich rapide verändernden Anforderungen. Entscheidend für die Tarifbindung ist und bleibt die Organisationskraft der Gewerkschaften. Aber auch hier kann staatliches Handeln unterstützen. Etwa beim Verhindern von Tarifflucht durch Ausgliederungen.

In der Corona-Krise bestand die Gelegenheit, der schiefen Ebene zwischen Arbeit und Kapital entgegenzuwirken. Ernüchtert mussten wir jedoch feststellen, dass die wirtschaftlichen Hilfen zur Liquiditäts- und Eigenkapitalsicherung keineswegs an Verpflichtungen zur Beschäftigungssicherung, Tarifbindung oder Einbeziehung der Gewerkschaften und Betriebsräte gebunden wurden. Auch das milliardenschwere Konjunkturpaket der Bundesregierung wies Gewerkschaften oder Betriebsräten keine aktive Rolle zu. Die Rückkehr des starken Staates stärkte eher ein in der

Gesellschaft ohnehin weit verbreitetes staatsfixiertes Grundverständnis der Regulierung von Arbeit.

Der Staat allein wird es aber nicht richten. Eine wirklich demokratische Transformation gelingt nur dann, wenn Beschäftigte als Gestalter*innen ihrer eigenen Arbeits- und Lebensbedingungen ernst genommen, gehört und beteiligt werden. Wir laufen sonst Gefahr, die schöne neue Welt einer sozial-ökologischen Transformation zu zeichnen, in der Beschäftigte, Konsumenten und Produzenten moralisch verpflichtet werden – auf eine vorgefertigte Vorstellung dessen, was richtig, gut, modern, nachhaltig und erstrebenswert zu gelten hat. Das ist nicht nur Paternalismus und Bevormundung in Reinkultur. Es verschärft auch die negative und pessimistische Wahrnehmung von Transformation als schicksalhafte, weder greif- noch veränderbare Bedrohung. Die IG Metall fordert hingegen eine mitbestimmte Politik des fairen Wandels. Kurzum: eine Transformation von Arbeit und Wirtschaft, die sozial, ökologisch und demokratisch gestaltet wird.

1 Zwar verändert sich nach Prognosen des IAB (vgl. Gerd Zika /Helmrich, Robert/Maier, Tobias/Weber, Enzo/Wolter, Marc (2018): Arbeitsmarkteffekte der Digitalisierung bis 2035: Regionale Branchenstruktur spielt eine wichtige Rolle, IAB-Kurzbericht 09/2018, Nürnberg: IAB) die Gesamtzahl der Arbeitsplätze durch die Digitalisierung kaum: Bis 2035 würden demnach etwa 1,46 Millionen Arbeitsplätze wegfallen, aber auch etwa 1,4 Millionen neue geschaffen. Die damit verbundenen Verschiebungen zwischen Branchen, Regionen und Qualifikationen sind jedoch enorm.

2 Stand Februar 2021 findet in fast jedem fünften Betrieb der Organisationsbereiche der IG Metall Personalabbau statt.

3 Z. B. die Klimaaktivistin Tina Velo im Gespräch mit VW-Chef Herbert Dies; ‹https://taz.de/Aktivistin-und-VW-Chef-im-Streitgesprach/!5622446›.

4 Vgl. etwa Markus Hoch/Lambert, Jannis/Kirchner, Almut u. a. (2019): Jobwende. Effekte der Energiewende auf Arbeit und Beschäftigung, Studie im Auftrag der Friedrich-Ebert-Stiftung sowie Bundesministerium für Umwelt, Naturschutz und Nukleare Sicherheit (2018): GreenTech made in Germany 2018. Umwelttechnik-Atlas für Deutschland

5 Ökonomen vom Institut für Makroökonomie und Konjunkturforschung und dem Institut der deutschen Wirtschaft Köln schätzen, dass in den nächsten 10 Jahren mindestens 450 Milliarden Euro zusätzlich in die Infrastruktur in Deutschland investiert werden müssen.

6 Der gesamte Investitionsbedarf der Stahlindustrie liegt bei rund 30 Milliarden Euro bis zum Jahr 2050. Die Förderprogramme müssen schnell ausgeweitet werden, um hier Planungssicherheit zu schaffen. Ohne diese Planungssicherheit werden die Investitionsentscheidungen in den Unternehmen nicht getroffen.

7 Seit dem Frühjahr 2019 erhebt die IG Metall mit dem sogenannten Transformationsatlas eine systematische Bestandsaufnahme betrieblicher, branchen- und regionalspezifischer »Transformationsrealitäten«. Im Automotive-Cluster konnten insbesondere mit Blick auf den Antriebsstrang differenzierte Risikopotenziale und Abhängigkeiten sichtbar gemacht und struktur- wie regionalpolitische Folgerungen abgeleitet werden.

8 In der Mehrzahl der Betriebe mangelt es an Kapazitäten und Expertise in der qualitativen Personalentwicklung. Um insbesondere kleinere und mittelständische Unternehmen im Strukturwandel zielführend zu begleiten, sollten auch im Bereich der betrieblichen Weiterbildung regionale Verbünde mit Unternehmen, Gewerkschaften sowie Akteur*innen der Weiterbildung und der Arbeitsmarktpolitik aufgebaut werden. Zielstellung: Weiterbildungsmaßnahmen ressourcenschonend über Betriebsgrenzen hinaus organisieren, zertifizieren und durchführen. Im Verbund können Weiterbildungsbedarfe in den einzelnen Betrieben identifiziert und passende Angebote recherchiert oder entwickelt werden.

9 Siehe Jörg Hofmann/Smolenski, Tanja (2015): Sozialstaat 4.0 – Tarifbindung und Arbeitszeit entscheiden, WSI-Mitteilungen 6/2015.

2 Nachhaltige Industriepolitik für Gute Arbeit

Michael Vassiliadis

Im Zentrum gewerkschaftlicher Interessen und Interessenspolitik steht Gute Arbeit. Das gilt auch – oder insbesondere – in Zeiten tiefgreifender Transformationen. In diesem Prozess müssen wir uns als Gewerkschaften und Arbeitnehmervertreter*innen innerhalb und außerhalb der Betriebe neu aufstellen, uns mit den Herausforderungen und aktuellen Themen tiefgehend befassen sowie den Handlungsbedarf für die Sicherung und Erweiterung von Guter Arbeit aufzeigen. Das ist unsere Alleinstellungsmerkmal: An der Schnittstelle zwischen Betrieb und Gesellschaft, zwischen Unternehmen und Politik haben wir die Kompetenz und die Erfahrungen, aber auch die Verantwortung, Konzepte für eine sozial nachhaltige Transformation in die Debatte einzubringen und durchzusetzen.

Digitalisierung als gewerkschaftliches Gestaltungsfeld

Die Digitalisierung treibt zweifellos Veränderungen an, die Betriebe, die Gesellschaft als Ganzes und jeden Einzelnen betreffen werden. Bislang erfolgen diese Veränderungen (überwiegend) schrittweise, die Berufe und Tätigkeiten ändern sich eher schleichend, anstatt – wie es befürchtet worden war – plötzlich und in kürzester Zeit wegrationalisiert zu werden.

Der Index Gute Arbeit des DGB hat 2017 gezeigt, dass die IG BCE-Branchen durchschnittlich von der Digitalisierung betroffen sind, dass aber bestimmte Aspekte der Digitalisierung, zum Beispiel die interne Zusammenarbeit über das Internet, softwaregesteuerte Arbeitsabläufe oder die Arbeit mit computergesteuerten Maschinen unsere Branchen jedoch überproportional tangieren.

Unsere eigene Beschäftigtenumfrage, der »Monitor Digitalisierung« (2019), für den mehr als 14.000 Beschäftigte in 600 Betrieben in der Chemie und anderen Industriebranchen befragt wurden, hat gezeigt, dass in Folge der Digitalisierung die Belastungen für die Beschäftigten größer werden: Die Arbeitsmenge sowie der Bedarf an Multitasking nehmen zu. Dies betrifft die häufig digital arbeitenden Frauen in der Verwaltung besonders. Trotzdem, die Belegschaften sind überwiegend offen für digitale Veränderungsprozesse und akzeptieren sie. Die Digitalisierung der Industrie ist für die Praktiker*innen in den Betrieben offensichtlich längst nicht das Schreckgespenst, zu dem sie in der öffentlichen Debatte häufig stilisiert wird. Weder sehen die Beschäftigten durch den digitalen Wandel ihre Jobs in Gefahr, noch fühlen sie sich dadurch generell überfordert. Gleichzeitig halten sie eine schlüssige Digitalisierungsstrategie ihrer Unternehmen für überlebenswichtig, fühlen sich von ihren Arbeitgebern jedoch genau darüber nur unzureichend informiert. Das macht uns als IG BCE Sorgen.

Eine der deutlichsten Effekte der Digitalisierung: Mit den technischen Veränderungen im Unternehmen wandeln sich die Tätigkeiten sowie Anforderungs- und Qualifikationsprofile der Beschäftigten. Der Trend geht hin zu höherwertigen Tätigkeiten und Anforderungen: Während die gut und bereits hochqualifizierten Beschäftigten bessere Chancen auf steigende Einkommen haben, sind Beschäftigte mit niedrigen und mittleren Qualifikationsprofilen stärker von Arbeitsplatzverlust bedroht und haben es somit auch schwerer, ihre Einkommenssituation zu sichern beziehungsweise zu verbessern. Hier gibt es großen Handlungsbedarf: Wir müssen alles dafür tun, dass der Abstand zwischen Beschäftigtengruppen nicht größer wird als er bereits ist, beziehungsweise, dass die Qualifikations- und Einkommensschere nicht weiter auseinander geht. Das wäre eine fatale Entwicklung, auf dem Arbeitsmarkt, aber auch für unsere Demokratie. Es ist somit eine entscheidende Zukunftsfrage für die Beschäftigten selbst sowie für die Gewerkschaften und ihren Gestaltungsspielräumen, wie wir unsere

Forderung nach guter Arbeit – also Arbeit, die die Gesundheit schützt, qualifikatorisch, tarif- und sozialpolitisch hochqualitativ ist – mit Blick auf die Digitalisierung formulieren und realisieren können.

Um ein paar zentrale Gestaltungspunkte aus Arbeitnehmer*innensicht zu nennen: Datensicherheit und Datenschutz sowie die Frage, wie einer schleichenden Zunahme der Anforderungen entgegengewirkt werden kann, dafür brauchen wir neue Ideen und neue regulatorische Konzepte. Die Foren und Handlungsmöglichkeiten der Mitbestimmungsakteure müssen entsprechend an die wachsenden Kompetenzfelder angepasst werden. Idealerweise werden alle betroffenen Akteur*innen im Unternehmen – Belegschaften, Arbeitnehmervertreter*innen und Sozialpartner – in die Erarbeitung der jeweiligen Digitalisierungsstrategien einbezogen. Eine solche Strategie muss konkrete Grundsätze zu Qualifizierung, Datenschutz, Gesundheit und zur frühen Einbeziehung der Beschäftigten in die Veränderungsprozesse formulieren und bildet die Grundlage für eine weitere Ausdifferenzierung der digitalen Transformation in den jeweiligen Unternehmen.

Dabei dürfen nicht allein der Arbeitsplatz und die Organisation der Arbeit in den Firmen in den Blick genommen werden, sondern auch die Wechselbeziehungen zwischen Arbeit, Wirtschaft und Gesellschaft auf nationaler, europäischer und globaler Ebene. Die zunehmende Debatte um die Digitalisierung und ihre Konsequenzen im letzten Jahrzehnt zeigt uns, dass wir uns als entscheidende Akteure für den Menschen in der Rolle als Arbeitnehmer*in frühzeitig einbringen können und müssen, um unsere Perspektiven zu formulieren und durchzusetzen.

Es geht im Kern darum, sich neu mit den fundamentalen gesellschaftlichen Triebkräften zu befassen. Wie wirken wir darauf hin, dass neue Arbeit entsteht, die besser ist, als die, die durch die neuen Technologien stark verändert wird oder verschwindet? Dabei kann es uns nicht gleichgültig sein, ob unsere Gesellschaft zukünftig auch einen leistungsfähigen industriellen Kern behält.

Im Gegenteil, unser Wohlstand basiert auf einem feinmaschigen Netz von Hightech-Branchen und Unternehmen, mit geschlossenen Wertschöpfungsketten rund um zentrale Schlüsseltechnologien. Um diesen Kern zu erhalten und weiterzuentwickeln und damit die Bedingungen der Möglichkeit zukünftiger guter Arbeit zu sichern, muss eine ambitionierte, nachhaltige Technologie- und Industriepolitik entschieden vorangetrieben werden.

Szenarien nachhaltiger Entwicklung

In der IG BCE haben wir vor einigen Jahren begonnen, Szenarien gesellschaftlicher und industrieller Entwicklungspfade und Zukunftsbilder zu entwickeln. Der Sammelband »Nachhaltige Industriepolitik“[1], den wir im Herbst 2020 veröffentlicht haben, ist Teil dieses Prozesses. In dem breiteren »Szenarienprozess wurden vier mögliche aber unterschiedlich wünschenswerte Szenarien formuliert: »Unter Druck«, »Smartes Wachstum«, »Neuland« und »Tohuwabohu«. Dabei wird versucht, verschiedenen Trends nachzuspüren und unterschiedliche Entwicklungsmöglichkeiten aufzuzeigen. Die Bandbreite dieser vier »Zukunftsbilder« könnte kaum größer sein:

Das Szenario »Unter Druck« erzählt von wachsendem Konkurrenz- und Verlagerungsdruck und einer schleichenden Schrumpfung von Wirtschaftsleistung und gesellschaftlichem Wohlstand.

»Smartes Wachstum« beschreibt, wie Deutschland mithilfe einer weitsichtigen und ambitionierten Innovations- und Investitionspolitik seine Wirtschaftsstruktur modernisiert und seine Wachstumschancen in der sozialökologischen Wende erfolgreich nutzt.

Das Szenario »Neuland« schildert einen schnellen und tiefgreifenden Veränderungsprozess von Wirtschaft und Gesellschaft, der durch harte politische Regulierungsvorgaben vor allem um die Klimaschutzziele zu erreichen versucht – auch zum Teil auf Kosten von Produktion und Beschäftigung.

In »Tohuwabohu« wird eine Gesellschaft skizziert, die im Spannungsfeld ökonomischer und ökologischer Zielkonflikte, sozialer Polarisierung und angesichts wachsenden Populismus förmlich zerrieben wird.

Es ist zumindest denkbar, dass die »ökologische Frage« die Gesellschaft zutiefst spalten könnte und die »digitale Frage« überstürzt und sozial unausgewogen angegangen wird. Die Industrie könnte rigide und dogmatisch umgebaut werden, etwa durch nicht abgestimmte nationale Regulierung und inflexible Rahmenbedingungen. Diese Entwicklung (»Neuland«) ist aber nicht zwingend, weil die ökologische und die digitale Frage gestaltbar sind. »Smartes Wachstum« wäre dabei eine wünschenswerte Zukunftsoption, aber sie realisiert sich nicht von selbst, nur weil sie objektiv vernünftig ist. Im Gegenteil: Ein innovations- und investitionsfreundliches Klima, die technologiegetriebene Erschließung neuer Geschäftsfelder, eine gestärkte Sozialpartnerschaft und die gesellschaftliche Anerkennung von Guter Arbeit in der beschleunigten Transformation erfordern entsprechende politische und gesellschaftliche Entscheidungen – und aktive Gestaltung durch uns Gewerkschaften.

Die Corona-Krise hat tiefgehende Defizite unserer gesellschaftlichen Institutionen offengelegt

Wie setzt sich »Smartes Wachstum« in der Corona-Krise um? Es spricht einiges dafür, dass die aktuelle Krise nicht nur ein vorübergehender externer Schock war, sondern unseren Vorstellungen einer nachhaltigen Entwicklung entscheidende Dimensionen hinzugefügt hat. Neben die Ziele einer »sauberen Umwelt«, (globaler) »sozialer Gerechtigkeit« und (leistungsfähiger) »sozialer Marktwirtschaft« ist der Wunsch nach stabilen sowie handlungs- und wandlungsfähigen Institutionen getreten, die für Freiheit und Sicherheit durch Solidarität in der Transformation sorgen. Die Corona-Krise hat in fast allen betroffenen Ländern der Welt die soziale und gesellschaftliche Ungleichheit verschärft. In Deutschland sind tausende Kleinstunternehmen in ihrer Existenz bedroht, und mancherorts können kleine und mittlere Unternehmen den Beschäftigten jenseits von Kurzarbeit und staatlicher Intervention wenig Schutz bieten. Zugleich schlug aber mit der Krise die Stunde der politischen Exekutive. Mit milliardenschweren Hilfspaketen haben die Regierungen Europas es innerhalb weniger Tagen und Wochen vermocht, die Wirtschaften weitestgehend zu stabilisieren. Die Bundesregierung setzte auf das Instrument der Kurzarbeit und stellte Milliarden an Unterstützungshilfe für Unternehmen und Selbstständige zur Verfügung. Hier zeigte sich, auch wenn nicht alles reibungslos lief, die grundsätzliche Stärke eines funktionierenden Sozialstaats und eines handlungsfähigen Gemeinwesens.

Gleichwohl legte die Pandemie die Schwächen unseres Gemeinwesens und unseres Wirtschaftsmodells offen. Die Digitalisierungsdefizite im öffentlichen Sektor wie in der privaten Wirtschaft wurden deutlich. So ist es ein Anachronismus, dass Ärzt*innen oder Gesundheitsämter noch immer ihre Daten von Hand abschreiben müssen. Die Digitalisierungsversäumnisse zeigten sich auch in den Schulen. Nur ein Drittel der Schulen war technisch für digital unterstützten Unterricht gerüstet. Es fehlte an den entsprechenden Bildungskonzepten und einer krisenfesten Beschulung von Millionen Schüler*innen. Zu Beginn der Corona-Krise warteten Apotheken und Kliniken zudem lange vergeblich auf medizinische Präparate, als im vergangenen Jahr Fabriken in China über Wochen stillstanden. Neben der Schaffung einer nachhaltigen Weltwirtschaftskonfiguration für ausgewählte Sektoren und Schlüsselindustrien müssen auch lokale Lieferketten reorganisiert werden.

Umso wichtiger sind die ambitionierten Hilfspakete, die die EU aufgelegt hat. Sie sind ein Signal der Solidarität, von dem wir hoffen, dass es der Beginn eines Paradigmenwechsels ist. Wir brauchen ein stärkeres Füreinander-Einstehen der EU-Mitgliedsländer, denn Krisen meistern wir besser gemeinsam. Das entspricht auch dem ureigenen Interesse Deutschlands, das 53 Prozent seiner Exporte mit der EU abwickelt. Und es entspricht der Logik, die aus der Größe der Herausforderungen erwächst, vor der der ganze Kontinent steht. Die Transformation von Energiewirtschaft und Mobilitätssektor beispielsweise werden wir nur im europäischen Maßstab organisieren können. Dabei muss sich auch auf europäischer Ebene einiges ändern. Das Beihilferecht muss dringend dahingehend geändert werden, dass es den Strukturwandel der Mitgliedsstaaten befördert statt behindert. Das Wettbewerbsrecht muss stärker die Behauptung Europas auf den Weltmärkten im Blick haben und europäische Champions ermöglichen statt im Klein-Klein des Binnenmarkts zu verharren. Und nicht zuletzt müssen wir zentrale Wertschöpfungsketten – vor allem bei systemrelevanten Produkten wie etwa im Pharmabereich – innerhalb Europas abdecken. Auch hier gilt es, aus der Corona-Krise die richtigen Schlussfolgerungen zu ziehen. Es kann nicht sein, dass Europa bei Medikamenten, Impfstoffen oder Schutzkleidung auf andere angewiesen ist. Hier müssen wir schleunigst zentrale Schwachstellen in den Wertschöpfungsketten identifizieren und die Produktion in Deutschland und Europa wieder nachhaltig stärken.

Die Europäische Kommission hat mit ihrer Strategie für ein klimaneutrales Europa bis 2050 die Zielsetzung des Erhalts der globalen Wettbewerbsfähigkeit der europäischen Industrie in der ökologischen Transformation sowie in der Gestaltung der Digitalisierung geäußert. Den Maßnahmen zur Unterstützung großer und kleiner Unternehmen, innovativer Start-ups, Forschungszentren und Sozialpartnern fehlt noch eine konkrete – auch soziale – Formatierung.

Anforderungen der Gewerkschaften an den Transformationsprozess der EU

Als europäische Gewerkschaften stellen wir konkrete Forderungen für die Umsetzung der europäischen Transformation. Beispielsweise ist es von zentraler Bedeutung, dass die Kommission zeitnah einen detaillierten Fahrplan vorlegt, wie sie ihre eigenen Vorgaben einhalten will. Das umfasst unter anderem verbindliche Investitionspläne, mehr Transparenz und Termine, zu denen Wunsch und Wirklichkeit abgeglichen und im Zweifel nachgesteuert werden kann. Mit jedem Prozentpunkt, den die Politik ihre klimapolitischen Ziele höher setzt, steigt auch ihre Verantwortung mit Blick auf die Umsetzung. Zudem ist es notwendig, in der Transformation den Blick nicht allein auf Klimavorgaben zu verengen. Die EU muss eine sinnvolle Balance zwischen sozialen, ökologischen und ökonomischen Nachhaltigkeitszielen anstreben.

Dabei ist der Green Deal der Union nicht nur eine Antwort auf die »USA« und »China«, sondern auf unterschiedliche Varianten der Globalisierung und des Kapitalismus. Die Gewerkschaften wollen ein Europa, in dem sich Vorstellungen von regionaler Vielfalt mit relativer Arbeitnehmer*innenmobilität, mit innovativen und erfahrungs- und wissensbasierten Unternehmen, guter Arbeit und Tarifautonomie realisieren lassen. Der Green Deal muss auch die Mitbestimmung der Beschäftigten beinhalten. Wir sehen hier großer Handlungsbedarf. Er besteht beispielsweise bei der Stärkung und Vereinheitlichung arbeitsorganisatorischer Regeln, dem Ausbau der Sozialpartnerschaft und der Sicherstellung von Aus- und Weiterbildungsoptionen in der Transformation. Es reicht somit nicht aus, Binnenmarkt und Wettbewerbsrecht nur zu »hüten«. Europa muss eine bessere Chance auf eine Zukunft mit Guter Arbeit, wirtschaftlicher Entwicklung, sozialer Sicherheit und Wohlstand für alle sein.

Innovationen als Dreh- und Angelpunkt der nachhaltigen Industriepolitik

Eine zentrale Erkenntnis unseres internen Szenarien- und Transformationsdialog in den letzten Jahren hat eines klar gemacht: Der Weg in eine krisenfeste, nachhaltige Zukunft führt nur über eine neue Innovations-, Industrie- und Strukturpolitik. Dafür haben wir gute Ausgangsbedingungen. Die Bundesrepublik Deutschland nimmt im Vergleich mit den führenden Industrienationen einen der vordersten Plätze bei Investitionen in Forschung und Entwicklung (FuE) ein. Neben der Innovationslandschaft wirkt nachweislich die Förderung der Unternehmen stimuliert. Beispielsweise investieren Firmen auch nach Ende einer Förderung rund doppelt so viel in FuE wie nicht geförderte Unternehmen.

Auch mit Blick auf die Transformation sind wir bereits relativ gut aufgestellt. In der Chemiebranche konnte durch die Erprobung und Einsatz von neusten Technologien ein schrumpfender ökologischer Fußabdruck in den letzten Jahrzehnten verzeichnet werden. Wir wissen aber auch, dass damit aus Innovationen Investitionen werden, muss eine FuE-Förderung mit stärkeren Investitions- und Marktentwicklungsinstrumenten vernetzt werden. Instrumente wie eine Vereinheitlichung der Energiebesteuerung, der Kriterien für »grüne Finanzierung« oder neuen Instrumenten wie *COntracts-for-Difference* könnten entscheidend zur Innovations- und Investitionsdynamik für nachhaltige und CO2-arme Produkte beitragen.

Ein kurzer Blick in die Chemiebranche: Unternehmen wie Evonik, BASF und Bayer geben der Nachhaltigkeit ein wachsendes Gewicht für ihre Zukunftsentscheidungen. Die in der Chemiebranche ausgeprägte Sozialpartnerkultur hat zu einer differenzierten und intensiven Auseinandersetzung mit der Klimawandel-Problematik beigetragen. Umweltfragen, Wettbewerbsfähigkeit und soziale Sicherheit für die Beschäftigten und andere Stakeholder werden dabei in Kombination thematisiert. Allerdings könnte und will die Industrie hier noch mehr leisten. Sie steht gemeinsam mit dem Staat in der Verantwortung, die Weichen für neue Megaprojekte wie Technologien für die Wasserstoffökonomie und den EE-Ausbau zu stellen und die notwendigen Infrastrukturen dafür zu schaffen.

Das Thema Weiterbildung nimmt auch hier eine Sonderstellung für die Verknüpfung von Transformation und soziale Sicherheit ein. Für die Ausschöpfung der Potenziale einer innovationsgetriebenen Nachhaltigkeitstransformation sind qualifizierte Fachkräfte und deren Weiterbildung maßgeblich. Der Blick in andere Länder Europas, beispielsweise Frankreich und Spanien, führt uns die Vorzüge unseres gut ausgebauten (dualen) Aus- und Weiterbildungssystem vor Augen. Allerdings steht die gegenwärtige Verfassung der Aus- und Weiterbildung im Gegensatz zu ihrer Bedeutung für das deutsche Produktionsmodell. Das öffentliche und betriebliche Bildungssystems muss gestärkt und modernisiert werden, damit die Beschäftigten für die Zukunft gut aufgestellt sind.

Nachhaltige Staatlichkeit

Die sozialökologische sowie digitale Transformation erfordert den Umbau hin zu einem nachhaltigen Industriemodell ebenso wie neue Koordinations- und Kooperationsmechanismen für die Aushandlung von zukunftsträchtigen Kompromissen. Es müssen dabei neue Institutionen und Regeln geschaffen werden, die das Verhältnis von Industrie, Politik und Verbraucher*innen neu festlegen. Zugleich brauchen wir Spielräume für die Entwicklung nachhaltiger Produktion, Mobilität, Kommunikation und Konsum. Wichtig ist, dass der Staat nicht hier am Spielfeldrand stehen darf, sondern aktiv in das Geschehen eingreifen muss, indem er seine Ressourcen auf die sozial-ökologische Transformation und die digitale Modernisierung fokussiert. Bekanntlich unterliegt jede staatliche Industriepolitik dem Risiko, in der Gegenwart mit Milliardenaufwand Technologien zu fördern, die morgen schon überholt sein können. Eine Bundesregierung, die zugunsten batteriebetriebener Elektrofahrzeuge entscheidet, tut dies im Wissen um die Konkurrenz zur Brennstoffzellen-Technik, die etwa in Japan forciert wird. Dennoch hat sich keine der bahnbrechenden technischen Innovationen von der Eisenbahn bis zum Internet allein über den Markt durchgesetzt. Sie wurden alle staatlich flankiert, unter anderem durch rechtliche Rahmenbedingungen, staatliche

Forschungspolitik, öffentliche Aufträge oder Infrastrukturinvestitionen. Auch aktuell muss der Staat Räume zur Innovation schaffen, die die Industrie nicht bereitstellen kann, etwa Infrastrukturen, Fördermittel, sonstige Rahmenbedingungen für den Markt und Aushandlungsforen.

Die Kunst nachhaltiger Staatlichkeit besteht darin, eine Richtung zu finden, die Wirtschaftlichkeit auf kurz- und mittelfristige Sicht glaubwürdig in Aussicht stellt und politische Ideen und Ziele im Hinblick auf die Vielzahl möglicher Entwicklungswege einer Gesellschaft politisch ausbalanciert. Die Industriepolitik als »nachhaltiger Staatlichkeit« richtet sich dabei auch auf spezifische Regionen mit Industriemodellen, die umgebaut werden müssen und die der Gefahr einer wirtschaftlichen und sozialen Abwärtsspirale besonders ausgesetzt sind. Anpassungsstrategien, die schwere soziale und wirtschaftliche Verwerfungen vermeiden, benötigen allerdings auch Zeit. Transformation ist nur schrittweise und mit klaren Zwischenetappen möglich. Es geht ganz fundamental darum, in der technologischen und wirtschaftlichen Entwicklung den betroffenen Beschäftigten echte Zukunftsperspektiven zu bieten.

Für stabilere Lieferketten in der globalen Wirtschaft

Nachhaltige Staatlichkeit nimmt die geopolitischen Abhängigkeiten, die aus den globalen Lieferketten entstehen, stärker in den Blick. China baute während der 1980er-Jahre gezielt die Produktion von Antibiotika auf. Heute werden in Deutschland, einst »Apotheke der Welt«, die Vorstufen der Antibiotika nicht mehr hergestellt. Deshalb kommen 80 Prozent aller Wirkstoffe in europäischen Medikamenten aus asiatischen Drittländern wie Indien, China und Taiwan. Der Preis für ein Medikament ist in Deutschland wegen der Rohstoffe und der fachgerechten Entsorgung der Abfälle höher als in Ländern mit geringeren Auflagen zum Schutz der Umwelt und der Beschäftigten. Die Corona-Krise hat zwar die Erhöhung europäischer Souveränität mit Blick auf kritische Infrastrukturen und Produkte wieder auf die politische Agenda gebracht, aber aus einem veränderten Risikobewusstsein folgt kein automatischer Strategiewechsel der Unternehmen. Die Produktion mancher Arzneimittel, Impfstoffe, chemischer Grundsubstanzen oder systemrelevanter Soft- und Hardware müssen zurück nach Europa geholt werden.

Nachhaltigkeit als mitbestimmter Prozess

In dem bevorstehenden Transformationsprozess – die von digitaler Entwicklung und ökologischer Krisen angetrieben wird – spielen die widerstreitenden Interessen zwischen Arbeit und Kapital in den Arbeitsbeziehungen und gemeinsamen Interessen einer standortsichernden und -fördernden Industriepolitik eine maßgebliche Rolle. Wir Gewerkschaften fordern »Freiheit« und Möglichkeiten der Einzelnen in Form weiterer Wahlmöglichkeiten und Weiterbildungsräume. Dies darf es nicht nur für die finanziell und bildungsmäßig Bessergestellten geben. Die neuen Institutionen eines nachhaltigen Industriemodells müssen für die Gesellschaft insgesamt gemacht werden. Die zukünftige Organisation der sozial-ökologischen Wirtschaft muss den Fleiß, die Zusammenarbeit, die Produktivität und die Findigkeit der Beschäftigten und Bürger*innen belohnen. Ihre Institutionen müssen auf den Prinzipien Transparenz und Pluralität aufgebaut sein.

Die Sozialpartnerschaft ist das geeignete Forum, um die Themen und unvermeidbaren Konflikte der Transformation miteinander zu verhandeln. Allerdings steht auch sie vor einer Bewährungsprobe. Manche Unternehmen versuchen bereits, sich die massiven Kosten der notwendigen Modernisierung der Geschäftsmodelle, Prozesse und Anlagenparks bei den Belegschaften »zurückzuholen«. An einigen Stellen wird Sozialpartnerschaft und betrieblicher Mitbestimmung untergraben. Um die Sozialpartnerschaft nachhaltig zu machen, wäre es denkbar, dass die Gewerkschaften gesellschaftliche Bündnisse mit denjenigen Gruppen stärker suchen, die ebenfalls am nachhaltigen Umbau unseres Wirtschaftssystems arbeiten.

Dabei haben wir eine gute Vorlage dieser Aushandlungsprozesse. Die Kommission »Wachstum, Strukturwandel und Beschäftigung« aus den Jahren 2018–2019 war ein Gegenmodell zu dem Transformationsmodell, das von einer Avantgarde, die die Gesellschaft auf den von ihr definierten Weg zwingt, angetrieben wird. Sie ist ein Vorbild für gemeinsam bestimmte, demokratische, stärker inkludierende und gesellschaftlich breit akzeptierte Lösungswege. Solche Formen der gesellschaftlichen Mitberatung sollten bei Transformationsprozessen in weiteren Sektoren angewendet werden. Das ist quasi Sozialpartnerschaft auf gesamt-gesellschaftlichem Niveau. Warum nicht eine Kommission für industrielle Transformation, die fundamentale Weichenstellungen dementsprechend klärt? Die ersten Weichen dafür müssen bereits in den nächsten Jahren gestellt werden.

Die Zukunft wird entweder eine Epoche der Nachhaltigkeit sein oder einer Phase des gesellschaftlichen und ökonomischen Niedergangs. Für mich kommen nur die nachhaltige Entwicklung und der Umbau unserer Gesellschaft infrage. Ein »Weiter so«, das die Notwendigkeit dieses Umbaus bestritte, würde die deutsche Gesellschaft und Industrie ins Abseits führen und wäre mittel- bis langfristig mit erheblichen sozialen Fehlentwicklungen und ökologischen Schäden verbunden.

Ich verstehe Nachhaltigkeit aber primär als demokratischen Prozess, der sich der Komplexitäten der großen Transformationen offen und explizit stellt und Methoden findet, die inhärenten Zielkonflikte auszubalancieren. Nachhaltigkeit in der Gesellschafts- und Unternehmenspolitik muss dabei als umfassend demokratisches Gestaltungsprinzip fester als bisher verankert werden. Das ist für mich »nachhaltige Industriepolitik« beziehungsweise eine nachhaltige Transformation.

1 Den Zwischenstand habe ich vor kurzem in meinem Buch »Nachhaltige Industriepolitik. Strategien für Deutschland und Europa« (Campus-Verlag 2020) zusammengefasst. Viele Fragen, die ich in diesem Beitrag nur anreißen kann, werden dort ausführlich behandelt.

3 Daseinsvorsorge stärken – Arbeit mit Menschen aufwerten

Frank Werneke

Die Corona-Pandemie hat uns die gesellschaftliche Bedeutung von Dienstleistungsberufen deutlich gemacht, die selten im öffentlichen Fokus stehen. Nicht nur die Beschäftigten im Gesundheitswesen sind in der Pandemie extrem gefordert. Im Lebensmitteleinzelhandel und in den Paketdiensten stellen sie die Versorgung der Bevölkerung sicher, im Personennahverkehr halten sie die Mobilität aufrecht. Trotz besonderer Hygieneregeln leisten Kitas weiterhin notwendige Bildungs- und Betreuungsaufgaben. Dies ermöglicht Eltern in sogenannten systemrelevanten Berufen zu arbeiten. Kranken- und Altenpfleger*innen, Busfahrer*innen, Paketzusteller*innen, Erzieher*innen, Verkäufer*innen und viele andere arbeiten seit Beginn der Pandemie oft unter enormen Belastungen und sind vielfach ohne ausreichende Schutzmaßnahmen durch direkten Kund*innen- und Patient*innenkontakt einem erhöhten Infektionsrisiko ausgesetzt. Buchstäblich halten sie »den Laden am Laufen«. Sie sind, wie sich herausgestellt hat, für das Funktionieren der Gesellschaft unerlässlich.

Zugleich aber hat die Pandemie ein Schlaglicht auf Arbeits- und Entlohnungsbedingungen geworfen, die in krassem Gegensatz zur gesellschaftlichen Bedeutung und Verantwortung der in diesen Berufen Beschäftigten stehen. Dazu trägt wesentlich die verfehlte Ordnungspolitik der letzten Jahrzehnte bei. In der Paketzustellung – einer Branche, die vom rasant wachsenden Onlinehandel in den vergangenen Monaten enorm profitiert – hat die Deregulierungspolitik der Ära der Hartz-Gesetzgebung prekäre Beschäftigung über Subunternehmerketten, Werkverträge und Scheinselbstständigkeit befördert. Die Lohnentwicklung in der Kurier-, Express- und Paketdienstbranche blieb in den letzten zehn Jahren deshalb deutlich hinter der gesamtwirtschaftlichen zurück. Im Einzelhandel entziehen sich die Arbeitgeber*innen seit vielen Jahren ihrer Verantwortung für angemessene Einkommen durch Flucht aus den Flächentarifverträgen; die Folge sind Arbeitsverdichtung und zunehmende Arbeitsbelastung, es droht Altersarmut durch zu geringe Einkommen. Insbesondere Frauen sind davon betroffen. Im Personennahverkehr führen eine immer weiter steigende Arbeitsbelastung durch engere Taktung, verkürzte Pausenzeiten und zu niedrige Löhne zu zunehmendem Personalmangel. Durch Deregulierung und Liberalisierung wurde aus vormals auskömmlichen und sicheren Beschäftigungsverhältnissen vielfach prekäre Beschäftigung.

Unterm Brennglas: Arbeitsbedingungen in sozialen Dienstleistungen

Einige soziale Dienstleistungen, die essentieller Teil der öffentlichen Daseinsvorsorge sind, haben in der Pandemie hohe öffentliche Aufmerksamkeit erfahren. Für Beschäftigte in Krankenhäusern gab es viel Zuspruch, auch Altenpfleger*innen und ihr Einsatz für die besonders gefährdeten Pflegeheimbewohner*innen haben Anerkennung bekommen. Weniger die Beschäftigten im Rettungsdienst und in Reha-Kliniken, obwohl ihre Arbeit zur Pandemiebewältigung ebenso unverzichtbar ist.

Aufmerksamkeit ist schön – aber die Beschäftigten brauchen Verbesserungen. In der Pandemie wurden Missstände offensichtlich, die seit Jahren bestehen. Im Gesundheitswesen müssen immer mehr Patient*innen in Krankenhäusern in immer kürzerer Zeit versorgt werden, die Arbeitsdichte wird immer größer. Bereits 2015 fehlten 70.000 Stellen in der Krankenpflege, heute sind es mehr als 100.000.[1] Im Durchschnitt muss eine Pflegekraft 10,3 Patient*innen versorgen, damit ist Deutschland europaweit Schlusslicht.

In der Altenpflege werden allein in der stationären Langzeitpflege 115.000 zusätzliche Stellen benötigt, um eine gute Patient*innenversorgung zu gewährleisten. Die Arbeitsbedingungen sind körperlich und psychisch belastend, und die Arbeitshetze ist so groß, dass viele Pflegekräfte nicht bis zum Rentenalter durchhalten. Die Zahlen der Frühverrentungen, der psychischen Erkrankungen und krankheitsbedingten Ausfälle sind deutlich höher als in anderen Berufen. Und Nachwuchs fehlt: Jede*r Vierte bricht die Pflegeausbildung ab, weil die Arbeitsbedingungen abschrecken und es unmöglich machen, das Gelernte umzusetzen. Die Diskrepanz zwischen der gesellschaftlichen Bedeutung der Tätigkeit und der Bezahlung ist in der Altenpflege eklatant – sie liegt bei Vollzeitstellen für Fachkräfte zwischen 2.329 Euro in Sachsen-Anhalt und 3.169 Euro in Baden-Württemberg, für Pflegehilfskräfte zwischen 1.794 Euro in Sachsen und 2.343 Euro in Nordrhein-Westfalen.[2] Wegen einer hohen Teilzeitquote liegt das tatsächliche Einkommen meist deutlich darunter.

Auch die Bedeutung der Arbeit in der frühkindlichen Bildung wurde in der Pandemie überdeutlich. In den letzten 20 Jahren wurde das System der Bildung und Betreuung von Kindern erheblich ausgebaut, die inhaltlichen Ansprüche an die Bildungsprozesse nahmen zu. Die Personalschlüssel wurden jedoch nicht angepasst. Da die Ausbildungssysteme nicht mitgewachsen sind, ist ein gewaltiger Fachkräftemangel entstanden: Die Bundesländer gestalten die Ausbildung in eigener Verantwortung, es gibt lediglich einen unverbindlichen »gemeinsamen Orientierungsrahmen«. Und sie wird noch immer nicht überall vergütet – vielerorts müssen die Auszubildenden sogar ein monatliches Schulgeld zahlen. Das verschärft den Fachkräftemangel, mit der Folge, dass die Erzieher*innen bei ohnehin schlechten Personalschlüsseln oft in Unterbesetzung arbeiten.

Von schlechten Personalschlüsseln, Senkungen der Fachkraftquoten und schlechter Bezahlung sind auch andere Arbeitsfelder der Sozialen Arbeit betroffen, so die offene Kinder- und Jugendarbeit, Frauenhäuser und weite Teile der Behindertenhilfe. Strukturelle Mängel werden oft durch individuellen Einsatz der Beschäftigten ausgeglichen. Es verwundert nicht, dass viele von ihnen nach der Pandemie den Beruf wechseln wollen.

Eine Folge der Arbeitsbelastungen ist eine äußerst hohe Teilzeitquote von 40 bis 70 Prozent in diesen Bereichen. Und: In den sozialen Berufen sind zu 80 bis über 90 Prozent Frauen tätig. Die hohe Teilzeitquote verstärkt, zusammen mit dem niedrigen Gehaltsniveau in einigen Berufen, die weibliche Altersarmut: Angesichts der Arbeitsbedingungen und Bezahlung in diesen »Frauenberufen« wundert es nicht, dass der Gender Pension Gap in Deutschland im europäischen Vergleich sehr hoch ist – Frauen beziehen eine um mehr als 37 Prozent geringere Rente als Männer.

Zeit für radikales Umdenken: Arbeit mit Menschen aufwerten

Das kann sich unsere Gesellschaft auf Dauer nicht leisten, zumal angesichts der wachsenden gesellschaftlichen Bedeutung dieser Berufe: Bereits heute sind im Dienstleistungssektor mehr als dreimal so viele Menschen beschäftigt wie im warenproduzierenden Gewerbe (33,8 Millionen im Vergleich zu 10,9 Millionen), Tendenz steigend.[3] Besonders stark wird die Zahl der Beschäftigten im Gesundheits- und Sozialwesen steigen, bis zum Jahr 2040 auf rund sieben Millionen.[4] 2025 werden über 300.000 Erzieher*innen fehlen, in der ganztägigen Bildung und Betreuung von Schulkindern werden 100.000 Fachkräfte benötigt.[5] Bis 2030 werden allein durch demographische Entwicklungen – auch ohne den zusätzlichen Bedarf durch bessere Personalschlüssel zu berücksichtigen – mindestens 130.000 Pflegekräfte mehr als 2017 benötigt.[6]

Um den Ausbau der sozialen Dienstleistungen zu bewältigen, werden kurzfristige Maßnahmen nicht ausreichen. Der Fachkräftemangel ist hausgemacht – für seine Überwindung ist grundlegendes Umsteuern notwendig. Gerade vor dem Hintergrund der

Erfahrungen in der Pandemie muss die Frage beantwortet werden, was unserer Gesellschaft die Arbeit mit Menschen – die Erziehung unserer Kinder, die Pflege unserer kranken und alten Angehörigen, die Unterstützung von Menschen mit Behinderung und anderen, die Hilfe benötigen – wert ist. Und, ob wir es gerechtfertigt finden, dass Arbeit mit Menschen schlechter bezahlt ist als die Herstellung von Gütern – derzeit verdient eine vollzeitbeschäftigte Fachkraft im Gesundheits- und Sozialwesen im Durchschnitt 2.947 Euro brutto im Monat, gegenüber 3.446 Euro im verarbeitenden Gewerbe.[7] Und: dass Frauen – die diese gesellschaftlich unverzichtbare Arbeit überwiegend leisten! – oftmals schlechter bezahlt werden als Männer.

Eine nachhaltige Aufwertung der Arbeit mit Menschen ist eine Investition in die Zukunftsfähigkeit unserer Gesellschaft. Und notwendiger Bestandteil der digitalen und sozialökologischen Transformation. Der Aufbau von Beschäftigung in den Dienstleistungsbranchen ist hierfür wichtiger Baustein. Allerdings sind dazu Herausforderungen zu erfüllen. Dazu zählt, dass wegfallende Arbeitsplätze in klassischen Dienstleistungsbranchen wie der Finanzwirtschaft sowie Industriearbeitsplätze durch gutbezahlte und gesellschaftlich anerkannte Beschäftigung mit guten Arbeitsbedingungen überwiegend in den Dienstleistungsbranchen ersetzt werden – und dass der Ausbau der Daseinsvorsorge die Lebensqualität großer Bevölkerungsgruppen verbessert.

Der Ausbau sozialer Dienstleistungen ist staatliche Aufgabe. Der Staat setzt den gesetzlichen Rahmen aus Finanzierungssystemen und Vorgaben für die Strukturqualität der Dienstleistungen – von Fachkraft-Kind-Relationen in Kitas und Untergrenzen in der Personalbesetzung in Krankenhäusern bis hin zu Standards in der Ausbildung. Einrichtungen und Personal werden aus Steuermitteln beziehungsweise Sozialversicherungsbeiträgen finanziert, über deren Verwendung der Gesetzgeber entscheidet. Es ist höchste Zeit, die Rahmenbedingungen an die Bedeutung der Dienstleistungen anzupassen.

Im Gesundheitswesen brauchen wir eine radikale Umkehr hin zu einer Orientierung am Bedarf statt an Gewinnen kommerzieller Anbieter. Für Krankenhäuser und die Altenpflege bedeutet dies eine Abkehr vom Modell der Profitorientierung, das im Zuge der Privatisierungen seit den 1990er-Jahren praktiziert wird. Seit 2003 die Krankenhausfinanzierung auf die Fallpauschalen – die »diagnosebezogenen Fallgruppen« (Diagnosis Related Groups, DRG) – umgestellt wurde, entscheiden über Behandlungen zunehmend betriebswirtschaftliche Kennziffern statt medizinische Notwendigkeiten. Zudem werden immer mehr Bereiche in Tochtergesellschaften ausgegliedert, um aus Tarifverträgen zu flüchten und Personalkosten zu sparen. Die Abkehr vom System der Fallpauschalenfinanzierung ist dringend notwendig. Zudem sind gesetzliche Vorgaben für die Personalausstattung überfällig – das im Januar 2020 gemeinsam von ver.di mit der Deutschen Krankenhausgesellschaft und dem Deutschen Pflegerat vorgelegte Personalbemessungsinstrument PPR 2.0 muss schnell auf den Weg gebracht werden.

Auch in der Altenpflege braucht es verbindliche, bundesweit einheitliche Vorgaben für die Personalausstattung. Höhere Personalkosten – sowohl durch mehr Personal als auch durch bessere Bezahlung – führen derzeit allerdings zu steigenden Selbstbeteiligungen der Pflegebedürftigen. Die durchschnittlichen monatlichen Kosten von 2.068 Euro für einen vollstationären Pflegeplatz können sich bei einer Durchschnittsrente von 951 Euro viele nicht leisten. Deshalb muss die Pflegeversicherung zur Vollversicherung ausgebaut werden.

Dass Kitas keine Verwahranstalten, sondern Bildungseinrichtungen sind, ist zwar weitgehend politischer und gesellschaftlicher Konsens. Die Bezahlung konnte in den vergangenen Jahren durch Tarifkämpfe zwar verbessert werden – allerdings muss dieser Weg noch weitergehen. Die empfohlenen Betreuungsrelationen werden aber nirgends erreicht. Notwendig sind angemessene Einkommen und massive Anstrengungen zur Steigerung der Attraktivität der Ausbildung durch eine bundeseinheitliche, transparente und vergütete Erzieher*innenausbildung – hierzu hat ver.di 2020 ein Konzept vorgelegt.

Auch in weiteren Bereichen der Sozialen Arbeit müssen die Personalschlüssel verbessert werden. Beispielsweise im Allgemeinen Sozialen Dienst der Jugendämter, wo die Sozialarbeiter*innen zwischen 50 und 100 Familien oder mehr begleiten. Eine Fallzahlenbegrenzung auf maximal 28 Fälle pro Vollzeitkraft ist dringend geboten.

Die soziale Infrastruktur darf nicht länger auf Verschleiß gefahren werden. In den kommenden Jahren und dauerhaft muss massiv investiert werden. Allein bei Sachinvestitionen und nur im Bereich der Kommunen bestand 2019 ein Investitionsstau von 147 Milliarden Euro, 9,7 Milliarden Euro davon in Kitas.[8] Für die Krankenhäuser beläuft sich der Investitionsstau auf mindestens 30 Milliarden Euro.[9] Hinzu kommen große Bedarfe für mehr Personal, in der Kindertagesbetreuung mindestens 8 Milliarden Euro jährlich.[10] Und während in Deutschland für die Langzeitpflege 1,5 Prozent des BIP ausgegeben werden, sind es in Schweden und Norwegen knapp 3,3 Prozent.[11]

Investitionen in die öffentliche Daseinsvorsorge sind finanzierbar. Schuldenaufnahme ist für Investitionen angemessen – bei einer wachsenden Wirtschaft wächst das Land aus den Schulden heraus, wie auch nach der Finanzkrise 2008/2009.

Das Problem sind nicht zu hohe Ausgaben, sondern zu geringe öffentliche Einnahmen. Durch politische Fehlentscheidungen sind den öffentlichen Haushalten seit den 1990er-Jahren Finanzmittel von über 50 Milliarden Euro jährlich entzogen worden – von der Aussetzung der Vermögensteuer ab 1997 über die Steuersenkungen für Einkommensstarke und Unternehmen unter der Regierung Schröder bis zu den erneuten Unternehmenssteuersenkungen nach der Finanzkrise 2008/2009.

Das gesamte Nettovermögen in Deutschland hat sich seit der Jahrtausendwende fast verdoppelt, allerdings werden hohe Vermögen nicht angemessen besteuert – nur 2,7 Prozent des Gesamtsteueraufkommens stammen aus vermögensbezogenen Steuerarten. Deutschland ist damit im internationalen Ranking in der Schlussgruppe. Mit einer wieder erhobenen Vermögensteuer könnten über 25 Milliarden Euro zusätzlich eingenommen, mit einer Reform der Erbschaftsteuer deren Aufkommen von 8,6 Milliarden Euro 2020 verdoppelt werden.

Wir müssen Reiche und finanzstarke Unternehmen wieder stärker zur Finanzierung des Gemeinwesens in die Pflicht nehmen – zumal sie von staatlich bereitgestellter Infrastruktur profitieren, in der gegenwärtigen Krise auch von massiven Unterstützungspaketen. Eine stärkere Besteuerung von Kapitalerträgen und Erbschaften und die Schließung von Steuerschlupflöchern, eine wirksame Besteuerung von Digitalkonzernen und die Einführung einer europäischen Finanztransaktionssteuer wären ein guter Anfang.

Zudem liegen Lösungen zur Finanzierung des Gesundheitswesens auf dem Tisch. Die Fixierung auf eine – willkürlich gesetzte – Beitragssatzstabilität in der gesetzlichen Krankenversicherung entbehrt einer sachlichen Grundlage. Gerade in einer alternden Gesellschaft muss sich der Beitragssatz an den Sicherungsbedarfen der Versicherten orientieren. Auch von den Versicherten allein zu tragende Zusatzbeiträge sind ungerecht und tragen nicht zur Sicherung der Finanzierbarkeit bei. Die Einnahmebasis muss verbreitert werden – perspektivisch durch die Einführung einer Bürger*innenversicherung, in die alle Einwohner*innen unabhängig von ihrem Status als abhängig Beschäftigte oder Selbstständige einzahlen. Mindestens brauchen wir ein geregeltes Nebeneinander von gesetzlicher und privater Kranken- und Pflegeversicherung auf der Basis gleicher gesetzlicher Vorschriften und Versicherungsbedingungen. Und in der Pflegeversicherung lässt sich durch eine solidarische Pflegegarantie, in die alle Einkommensarten beitragen, gute Pflege auch bei einer alternden Bevölkerung bezahlen: Nach Berechnungen des Gesundheitsökonomen Professor Heinz Rothgang kämen auf Versicherte und Arbeitgeber*innen zwar Beitragssatzsteigerungen zu, allerdings für die große Mehrheit der bislang gesetzlich Versicherten nur um durchschnittlich gut fünf Euro im Monat.[12]

Erfolgreiche Kämpfe für Aufwertung und Entlastung

Die Beschäftigten in sozialen Dienstleistungen haben genug von Überlastung und geringer Anerkennung. Und davon, für ihren Einsatz nur warme Worte zu hören. Sie wollen bessere Arbeitsbedingungen und eine angemessene, auch materielle und dauerhafte Aufwertung. Es macht Mut, dass dies in den vergangenen Jahren vielfach gelungen ist: Gemeinsam mit ver.di haben sie in vielen Bereichen tarifvertraglich bessere Arbeits- und Entlohnungsbedingungen durchgesetzt.

Ein beeindruckendes Beispiel ist die Bewegung für Entlastung und mehr Personal im Krankenhaus. 2015 hat ver.di den ersten Tarifvertrag mit Regelungen zur Personalausstattung an der Charité in Berlin abgeschlossen, nach oft wochenlangen Streiks gibt es inzwischen ähnliche Regelungen an 18 Unikliniken. Im Saarland beispielsweise wurden Sollbesetzungen auf den Stationen festgeschrieben; werden diese zwölf Mal unterschritten, gibt es einen zusätzlichen freien Tag. Das bedeutet Entlastung für die Beschäftigten und erhöht den Druck auf den Arbeitgeber, mehr Personal zu gewinnen.

Seit der Öffnung der Altenpflege für kommerzielle Anbieter ist die Tarifbindung in der Altenpflege mit ihren über 30.000 Einrichtungen zunehmend unter Druck geraten. Dennoch konnten, teilweise mit erbitterten Arbeitskampfmaßnahmen, Erfolge durchgesetzt werden. Bei der Hamburger Kette Pflegen & Wohnen etwa wurde nach der Privatisierung die Tarifflucht mit einem 42-tägigen Erzwingungsstreik abgewehrt und ein Haustarifvertrag auf dem Niveau des Tarifvertrags des öffentlichen Dienstes durchgesetzt. Auch in vielen weiteren Einrichtungen konnten Tarifverträge mit Entgeltsteigerungen von bis zu 20 Prozent durchgesetzt werden.

Verbesserungen sind möglich – angesichts des Widerstands vor allem der kommerziellen Träger*innen und der Zersplitterung der Branche allerdings nur mit großen Anstrengungen. ver.di hat daher im Februar 2021 einen Tarifvertrag zu Mindestbedingungen in der Altenpflege mit dem Arbeitgeberverband BVAP unterzeichnet, durch den die Bezahlung im Vergleich zum geltenden Pflegemindestlohn um rund 25 Prozent steigt. Die geplante Erstreckung auf die gesamte Branche wurde durch die Verweigerungshaltung der kirchlichen Träger*innen vorerst verhindert. Eine gesetzliche Regelung zur Knüpfung der Refinanzierung von Leistungen aus der Pflegekasse an die Anwendung eines Tarifvertrags kann ein Zwischenschritt sein. Für ver.di bleibt dabei unabdingbar, dass nur relevante Flächentarifverträge zugrunde gelegt werden, um ein Unterlaufen durch Gefälligkeitstarifverträge zu verhindern. Ein allgemeinverbindlicher Tarifvertrag bleibt dennoch das Ziel von ver.di – denn er würde die Bezahlung in der Altenpflege für einen Großteil der Beschäftigten deutlich verbessern, insbesondere bei den kommerziellen Trägern in den neuen Bundesländern.

Auch in der Sozialen Arbeit setzte ver.di mit harten Arbeitskämpfen tarifvertraglich deutliche Lohnerhöhungen für Erzieher*innen, insbesondere für Leitungskräfte und Sozialarbeiter*innen beziehungsweise Sozialpädagog*innen, durch: 2009 wurde nach zwölf Wochen Streik durch die Einführung von betrieblichem Gesundheitsschutz und der neuen Entgelttabelle für den Sozial- und Erziehungsdienst eine erste Aufwertung erzielt. 2015 wurden durch einen langen Erzwingungsstreik zusätzlich zu den regulären Entgelttarifrunden Verbesserungen von 3 bis 4,5 Prozent erreicht. Die nächste Aufwertungsrunde musste pandemiebedingt verschoben werden, aber sie wird stattfinden. Die Erzieher*innen haben sich in den Auseinandersetzungen als starke Berufsgruppe erfahren und gesehen, was sie gemeinsam bewegen können. Enorm gestiegen ist auch ihre Anerkennung in der Öffentlichkeit – 2015 sind sie hinsichtlich Wertschätzung und Anerkennung in der Bevölkerung auf Platz 4 aller Berufsgruppen aufgerückt.

Aufwertung und Entlastung jetzt!

Wie in anderen Krisenzeiten zeigt sich auch in der Covid-Krise, was wirklich wichtig ist: welche Dienstleistungen nicht nur für die Überwindung der Pandemie, sondern für das Gemeinwohl insgesamt essenziell sind. Die Beschäftigten in den sozialen Dienstleistungen und ihr großer Einsatz haben erheblichen Anteil daran, dass wir bisher einigermaßen glimpflich durch die Krise gekommen sind.

Aber die Pandemie hat auch den Finger in die Wunde gelegt. Es wurden Missstände besonders offenbar, die ver.di seit vielen Jahren anprangert: Die Arbeits- und Entlohnungsbedingungen in der Arbeit mit Menschen entsprechen in keiner Weise ihrer gesellschaftlichen Bedeutung. Die Arbeitsbelastung für die überwiegend weiblichen Beschäftigten ist vielfach so gravierend, dass sie eine Vollzeittätigkeit und Arbeit bis zum Rentenalter nicht durchhalten, viele flüchten ganz aus dem Beruf. Die Konsequenz ist noch stärkerer Personalmangel sowie zunehmende weibliche Altersarmut.

Das können wir uns als Gesellschaft nicht leisten. Wir brauchen eine Aufwertung der Arbeit mit Menschen und eine spürbare Entlastung der Beschäftigten. Diese Arbeit ist essenzieller Bestandteil der öffentlichen Daseinsvorsorge und muss am gesellschaftlichen Bedarf und nicht an Erwägungen der Kostenminimierung orientiert sein. Den Beschäftigten wurde in der Krise applaudiert. Aber sie brauchen substanzielle und dauerhafte Verbesserungen. Nicht nur die Erfahrungen der Pandemie zeigen uns: Es ist höchste Zeit.

1 Michael Simon 2020: Das DRG-Fallpauschalensystem für Krankenhäuser. Kritische Bestandsaufnahme und Eckpunkte für eine Reform der Krankenhausfinanzierung jenseits des DRG-Systems; HBS Working Paper Forschungsförderung Nr. 196, November 2020, S. 193; abrufbar unter ‹https://gesundheit-soziales.verdi.de/++file++5fad088fc59f243f766be36e/download/p_fofoe_WP_196_2020.pdf›.

2 Jeanette Carstensen/Seibert, Holger/Wiethölter, Doris (2020): Entgelte von Pflegekräften; Institut für Arbeitsmarkt- und Berufsforschung (iab), Aktuelle Daten und Indikatoren), Nürnberg, S. 4; online abrufbar unter ‹http://doku.iab.de/arbeitsmarktdaten/Entgelte_von_Pflegekraeften_2018.pdf›.

3 Tobias Maier/Zika, Gerd/Kalinowski, Michael/Steeg, Stefanie/Mönnig, Anke/Wolter, Marc Ingo/Hummel, Markus/Schneemann, Christian (2020): BIBB Report 4/2020 – COVID-19-Krise: Die Arbeit geht weiter, der Wohlstand macht Pause. Ergebnisse der sechsten Welle der BIBB-IAB-Qualifikations- und Berufsprojektionen bis zum Jahr 2040, S. 7; online ‹5f913e150649e_BIBB_Report_04_2020_BARRIEREFREI_22102020.pdf›.

4 Markus Hummel/Bernardt, Florian/Kalinowski, Michael/Maier, Tobias/Mönnig, Anke/Schneemann, Christian/Steeg, Stefanie/Wolter, Marc Ingo/Zika, Gerd (2021): Qualifikations- und Berufsprojektion bis 2040 nach Bundesländern: Demografie und Strukturwandel prägen weiterhin die regionale Entwicklung der Arbeitsmärkte, IAB-Kurzbericht, 01/2021, S. 4; Nürnberg

5 Deutsches Jugendinstitut (2019): Kosten für zusätzliche Ganztagsangebote von Grundschulkindern steigen. Online abrufbar unter ‹https://www.dji.de/veroeffentlichungen/pressemitteilungen/detailansicht/article/kosten-fuer-zusaetzliche-ganztagsangebote-von-grundschulkindern-steigen.html›.

6 Antje Schwinger/Klauber, Jürgen/Tsiasioti, Chrysanthi (2019): Pflegepersonal heute und morgen; in: K. Jacobs et al. (Hg.), Pflege-Report 2019, Springer, Berlin/Heidelberg, S. 19.

7 Statistisches Bundesamt (2018): Verdienststrukturerhebung 2018, online abrufbar unter ‹https://www.destatis.de/DE/Themen/Arbeit/Verdienste/Verdienste-Verdienstunterschiede/Publikationen/Downloads-Verdienste-und-Verdienstunterschiede/verdienststrukturerhebung-heft-1-2162001189004.pdf?__blob=publicationFile›.

8 Kreditanstalt für Wiederaufbau (2020): KfW Kommunalpanel 2020, S. 14; online abrufbar unter ‹https://www.kfw.de/KfW-Konzern/KfW-Research/KfW-Kommunalpanel.html›, Zugriff: November 2021.

9 Deutsche Krankenhausgesellschaft (2019): Investitionsstau in deutschen Krankenhäusern: Bund und Länder müssen endlich handeln; online abrufbar unter ‹https://www.dkgev.de/dkg/presse/details/investitionsstau-in-deutschen-krankenhaeusern-bund-und-laender-muessen-endlich-handeln›.

10 Bundesministerium für Familie, Senioren, Frauen und Jugend/Jugend- und Familienministerkonferenz der Länder (2016): Frühe Bildung weiterentwickeln und finanziell sichern. Zwischenbericht 2016 von Bund und Ländern und Erklärung der Bund-Länder-Konferenz, S. 66ff. Online abrufbar unter ‹https://www.bmfsfj.de/blob/112482/637f7d53eeea62363305df51ace10dba/zwischenbericht-bund-laender-konferenz-fruehe-bildung-data.pdf›.

11 Cornelia Heintze (2020): Der skandinavische Weg zu einem zeitgemäßen Pflegesystem – Welche Impulse liefert der Vergleich? Vortrag bei VdK-Forum »Megathema Pflege«, 5. März 2020, München.

12 Heinz Rothgang/Domhoff, Dominik (2019): Die Pflegebürgerversicherung als Vollversicherung. Beitragssatz- und Verteilungseffekte bei Umwandlung der Pflegeversicherung in eine Bürgerversicherung mit Vollversicherung. Working Paper der Forschungsförderung der Hans-Böckler-Stiftung. Nr. 150, September 2019; ‹www.boeckler.de/pdf/p_fofoe_WP_150_2019.pdf›.

4 Baustellen der vermeintlichen »Bildungsrepublik« – Höchste Zeit für eine andere Bildungspolitik

Marlis Tepe

Die Corona-Pandemie trifft alle Menschen in unserem Land hart. Vor allem der Lockdown im Bildungswesen stellt Kinder und Jugendliche, aber auch ihre Eltern vor immense Probleme. Kinder wollen in die Kita oder Schule, Jugendliche vermissen ihre Mitschüler*innen, vor allem aber auch die Struktur und Beratung durch die Lehrkräfte. Eltern stehen unter Druck, weil ein großer Teil von ihnen Schule und Kita auch als Ort der Betreuung für ihre Kinder benötigt, damit sie ihrer Erwerbsarbeit nachgehen können. Arbeit – auch im Homeoffice – verbunden mit der Unterstützung der Kinder im Fernunterricht ist eine große Herausforderung und hat viele an Belastungsgrenzen gebracht. Auch die Wirtschaft sieht die Bedeutung von Kitas und Schulen für die Beschäftigten und macht Druck. Ganztagsbetreuung ist wichtig, um Menschen im Beruf zu halten. Kitas und Schulen sind nicht nur Orte der Bildung, Wissensvermittlung und Betreuung, sondern auch Ort des sozialen Zusammenlebens. Sie können auch ein Schutzraum sein, wenn das familiäre Umfeld durch Gefährdungen beeinträchtigt ist.

Vor allem die junge Generation leidet unter der Pandemie. Die Corona-Krise hat den Ausbildungsmarkt voll erwischt. Die Zahl der neu abgeschlossenen Ausbildungsverträge ist erstmals seit der Deutschen Einheit unter die 500.000er-Marke gesunken. Das System der dualen Berufsausbildung schrumpft – mit dramatischen Folgen: denn die Jugendlichen, die wir heute nicht ausbilden, fehlen in drei Jahren als Fachkräfte. Nötig ist eine Ausbildungsgarantie, die den Jugendlichen, die keinen betrieblichen Ausbildungsplatz bekommen, den Einstieg in das erste Ausbildungsjahr in einer außerbetrieblichen Ausbildung bietet. Das ist allemal besser, als die Jugendlichen durch die zahllosen Warteschleifen im Übergangsbereich zu schleusen.

Wer vor drei Semestern ein Studium begonnen hat, wird vermutlich noch keinen Hörsaal, keine Bibliothek von innen gesehen haben. Diese jungen Menschen hatten bisher kaum Gelegenheit, das klassische Leben von Studierenden kennenzulernen. Keine Diskussionen auf dem Campus, keine vollen Mensen oder Cafeterien, keine Feiern in Studierenden WGs. Schlimmer noch: Vielen Studierenden ist die finanzielle Grundlage ihres Studiums weggebrochen. Gerade Studierende aus ärmeren Elternhäusern sind auf Einkünfte aus Nebenjobs angewiesen, damit sie über die Runden kommen. Viele von ihnen arbeiten in der Gastronomie oder Eventbranche, die vom Lockdown betroffen sind. Fast die Hälfte aller Studierenden bekommt finanzielle Auswirkungen der aktuellen Krise zu spüren. Jetzt rächt sich auch, dass die Bundesregierung das Herzstück der staatlichen Studienförderung – das BAföG – sträflich vernachlässigt hat. Als das BAföG vor 50 Jahren ins Leben gerufen wurde, hat es als Mittel zur Herstellung von mehr Bildungsgerechtigkeit fast die Hälfte der Studierenden erreicht, heute sind es nur noch 11 Prozent. Schuld an diesen Entwicklungen sind Regierungen, die über Jahre hinweg Bedarfssätze und Freibeträge nicht der Preisentwicklung angepasst haben. Egal, wer in diesem Jahr die neue Bundesregierung stellt: Ein Neustart für das BAföG muss ganz oben auf der politischen Agenda stehen.

Mangelhafte technische und bauliche Ausstattung, fehlende Fachkräfte, verschärfte soziale Auslese – die Corona-Krise legt den Blick auf die Schwachstellen unseres Bildungssystems schonungslos offen. Es fehlt an Lehrkräften sowie an Erzieherinnen und Erziehern. An den Gebäuden besteht ein Sanierungsstau in Milliardenhöhe. Die digitale Ausstattung ist mangelhaft, der Fern-

Unterricht konnte in Zeiten des Lockdowns nur in Ansätzen funktionieren. In der Krise rächt sich, dass unser Bildungssystem seit Jahren unterfinanziert ist.

In den Blick geraten auch die maroden Gebäude. Denn die Vorschriften zur Nutzung von Schulen lauten: Abstand – Hygiene – Atemschutz – Lüften. Stoßlüften ist aber vielfach nicht möglich, manchmal sind Fenster nur Oberlichter oder die Fenster lassen sich nicht mehr öffnen. Dann sind die Klassenräume nicht nutzbar in der Pandemie, es sei denn Lüftungsfilter werden eingebaut. Statt im vergangenen Jahr über den Sommer die Gebäude zu überprüfen und sich auf eine von der Wissenschaft vorausgesagte zweite Welle vorzubereiten, wurde dies von den meisten Kita- und Schulträgern versäumt.

Gute Bildung braucht Mitbestimmung

Vielerorts sind Entscheidungen über den Umgang mit der Krise hinter verschlossenen Türen und allein von Leitungsorganen getroffen worden. Gerade in außergewöhnlichen Situationen braucht es jedoch transparente und partizipative Prozesse, um die unterschiedlichen Erfahrungen und Sichtweisen der Betroffenen einzubeziehen und die Akzeptanz von Entscheidungen zu erhöhen.

Insbesondere bei Fragen des Arbeits- und Gesundheitsschutzes haben Mitarbeitervertretungen, Personal- und Betriebsräte Mitbestimmungsrechte und müssen angehört werden. Auch Schwerbehindertenvertretungen und Gleichstellungsbeauftragte sind zu beteiligen. Ebenso müssen Studierenden-, Schüler*innenvertretungen oder auch Elternbeiräte in die Arbeit von Krisenstäben einbezogen werden. Bildungseinrichtungen haben eine Vorbildfunktion. Sie stehen daher in der Verantwortung, beispielhaft Entscheidungsprozesse auch mit digitalen Mitteln und unter Pandemiebedingungen so zu gestalten, dass ein Maximum an demokratischer Mitbestimmung gewährleistet ist. An Schulen ist die Zuständigkeit für das Personal Ländersache, die Zuständigkeit für

Gebäude dagegen Aufgabe der Kommunen. Diese geteilte Verantwortung nutzen die Länder und Kommunen, um Zuständigkeiten und Verantwortung hin und her zu schieben und Lösungen zu erschweren.

Die Kolleg*innen in allen Bildungsbereichen haben in der Pandemie eine Situation meistern müssen, die nicht vorstellbar und auf die niemand vorbereitet war. Oft sind sie für Missstände in die Kritik geraten, für die sie nicht verantwortlich sind. Es wurde nicht anerkannt, dass sie sehr viele zusätzliche Aufgaben wie den Hygieneschutz, Arbeit ohne Pausen, Begleiten in Fern-, Wechsel- und Präsenzunterricht, Umgestaltung der Prüfungen zu bewältigen hatten. Eine große psychische Belastung war zudem, dass sie erkannten, dass sie eine Reihe von Schüler*innen nicht mehr erreichen konnten. Für viele Erzieher*innen und Lehrkräfte ist es schwierig gewesen, Gesundheitsschutz für sich und die Gesellschaft und ihre pädagogische Verantwortung unter einen Hut zu bringen. Auch die GEW steht im Spagat zwischen pädagogischer Verantwortung und dem Arbeits- und Gesundheitsschutz für ihre Mitglieder. Unsere Antwort ist: Arbeits- und Gesundheitsschutz gehen vor.

Gute Bildung braucht Fachkräfte

Prognosen des Deutschen Jugendinstituts gehen davon aus, dass unter Berücksichtigung des beschlossenen Ganztagsausbaus an Grundschulen im Jahr 2025 etwa 309.000 Kita-Fachkräfte sowie 15.000 Tagespflegepersonen fehlen werden. Für eine qualitativ gute Ganztags-Grundschule müssten zudem mindestens 50.000 zusätzliche Lehrkräfte eingestellt werden. In den allgemeinbildenden Schulen werden zusätzlich 40.000 Lehrer*innen gebraucht. Der Bedarf im Bereich der berufsbildenden Schulen beläuft sich bis 2030 auf 160.000.[1]

Da auch die Zahl der Studierenden weiter auf hohem Niveau bleiben wird, müssen die Hochschulen ausgebaut und die Betreuungsrelation verbessert werden. Schon heute kommen an den Universitäten auf eine*n Professor*in über 60 Studierende. Die GEW fordert daher eine Aufstockung des Budgets des »Zukunftsvertrags Studium und Lehre stärken« um 40 Prozent und eine jährliche Erhöhung um mindestens drei Prozent. Außerdem müssen in der Lehre Dauerstellen für Daueraufgaben vorgesehen und das Befristungsunwesen abgeschafft werden. Die Länder müssen massiv in die Ausbildung neuer Lehrkräfte investieren. Erforderlich sind ein Ausbau der Studien- und Referendariatsplätze, der Abbau der Zugangsbeschränkungen, die insbesondere in Studiengängen für das Grundschullehramt völlig verfehlt sind, sowie berufsbegleitende Ausbildungsangebote. Damit Lehrkräfte möglichst lange im Schuldienst bleiben, müssen die Arbeitsbedingungen verbessert werden, etwa durch eine Senkung der Pflichtstunden, mindestens aber durch die Einführung von Ausgleichsstunden für besondere Aufgaben und Altersermäßigungen.

Gleicher Lohn für gleichwertige Arbeit lautet die Forderung der GEW für alle vollausgebildeten Lehrkräfte an allen Schulformen. Die GEW hat erreicht, dass dies für die Hälfte der Länder seit 2017 umgesetzt wurde. Auch eine breite Qualifizierungsstrategie für Quer- und Seiteneinsteiger*innen, von denen bundesweit bereits Tausende im Einsatz sind, ist notwendig. Das Potenzial der Fachkräfte unter den Geflüchteten und Zugewanderten muss anerkannt und durch besondere Sprachlernangebote, zusätzliche Ausbildungsmöglichkeiten und erleichterte Anerkennungsverfahren gehoben werden.

Um mehr junge Menschen für die Arbeit in der frühkindlichen Bildung zu gewinnen, muss die Fachkräfteoffensive des Bundesfamilienministeriums (BMFSFJ) ausgebaut und verstetigt werden. Die bundesweit durch das BMFSFJ geförderte Praxisintegrierte Ausbildung (PiA) zur Erzieherin oder zum Erzieher ist durch die enge Verzahnung von Theorie und Praxis sowie die tariflich geregelten Gehälter derzeit die erfolgversprechendste Variante. Ein Engpass ist das fehlende Personal an den Fach(hoch)schulen.

Hinzu kommen weitere Bedarfe an Fachkräften in den anderen Feldern der Sozialen Arbeit, vor allem im Allgemeinen Sozialen Dienst (ASD) und den Jugendämtern, aber auch in der Behinderten- und Eingliederungshilfe. Arbeitsplätze im Bildungsbereich werden attraktiver, wenn die Arbeitslast spürbar sinkt und die Bezahlung stimmt.

Die Arbeit im Bildungsbereich zeichnet sich dadurch aus, dass sie Sinn stiftet. Die Lehrenden wollen einen Unterschied machen im Leben der Kinder, Jugendlichen und Erwachsenen, die sie (aus) bilden. Aber die Arbeitsbelastung ist sehr hoch, das zeigen Arbeitszeit- und Arbeitsbelastungsstudien. Sie brauchen die Unterstützung der Gesellschaft, damit die Politik handelt. Die Fachkraft-Kind-Relation muss gesenkt werden. Die Lerngruppen in Schule, berufsbildender Schule, Hochschule und in den Integrationskursen müssen kleiner werden. Dann machen Lernen und Lehren mehr Freude und haben mehr Aussicht auf Erfolg für alle.

Den Investitionsstau im Bildungswesen beheben

Kaum ein anderer Arbeitgeber in Deutschland – schon gar kein öffentlicher – würde und könnte es sich leisten, seine Beschäftigten in derartig maroden Gebäuden arbeiten zu lassen, wie sie gegenwärtig zahlreiche Schulen darstellen: stinkende Toiletten, defekte Heizungen, zugige Fenster, bröckelnder Putz, Schimmel an den Wänden, fehlende, defekte oder völlig veraltete technische Ausrüstung, zu wenig Räume, undichte Dächer, marode Sportanlagen – die Liste ließe sich lange fortsetzen. In einer solchen Situation Abstandsregeln zu organisieren oder Stoßlüften durchzuführen, wie es die Pandemie fordert, ist oft schlicht nicht möglich. Es ist nicht nur ein Zeichen der Wertschätzung gegenüber Schüler*innen, dass sich daran schnell etwas ändert, sondern auch gegenüber den Pädagog*innen, die dort im besten Fall Jahrzehnte verbringen.

Modernisierungs- und Ausbaumaßnahmen sind hier dringend erforderlich. Es müssen Gebäude und Infrastrukturen entstehen, die eine flexible Nutzung für unterschiedliche Formen des Lehrens und Lernens ermöglichen. Dabei geht es nicht nur darum, den Anforderungen einer Pandemie gerecht zu werden, sondern dass auch im Alltag moderne Angebote gemacht werden können. Aber schon ohne diese Ansprüche ist der Bedarf enorm: Nach Angaben der Kreditanstalt für Wiederaufbau (KfW) beträgt der Investitionsstau bei Schulen 44,2 Milliarden Euro, bei der Kleinkindbetreuung 9,7 Milliarden Euro.[2] Bereits 2016 bezifferte die Kultusministerkonferenz (KMK) die Höhe des Sanierungs- und Investitionsstaus an Hochschulen inklusive Universitätskliniken bis 2025 auf rund 50 Milliarden Euro. Die Corona-Krise hat gezeigt, dass mit der vorhandenen Bausubstanz häufig auch hygienischen Standards kaum entsprochen werden kann. Modernisierungs- und Ausbaumaßnahmen sind dringend erforderlich. Es müssen nachhaltige Gebäude und Infrastrukturen entstehen, die eine flexible Nutzung für unterschiedliche Formen des Lehrens und Lernens ermöglichen sowie Barrierefreiheit sicherstellen.

Wer zudem Wert auf moderne Unterrichtsmethoden legt, muss auch andere Räume und eine andere Ausstattung anbieten. Bisher sind die Schulen auf den klassischen Frontalunterricht ausgerichtet, mit schmalen Fluren und engen Räumen – das ist veraltet. Moderne Schulgebäude nutzen den Klassenraum als »dritten Pädagogen«, der ansprechend gestaltet ist, kreatives Denken fördert und andere Unterrichtsformen erlaubt, wie Gruppenarbeiten oder auch die Inklusion von Menschen mit Behinderungen. Von Lehrkräften moderne Unterrichtsmethoden zu erwarten, ihnen aber gleichzeitig nicht das entsprechende Umfeld zu bieten, widerspricht sich.

Auch der Ausbau der IT-Infrastruktur und die technische Ausstattung hinken weit hinter dem Bedarf her. Bei einer Mitgliederbefragung der GEW zur Digitalisierung an Schulen im Jahr 2020 wurde deutlich, dass die Arbeitsgeräte der Lehrkräfte bislang Privatsache sind und die Ausstattung der Schulen zu wünschen übriglässt. Längst nicht jede Schule hat WLAN. Hochschulen sind häufig auf Software angewiesen, die weder technischen und didaktischen Anforderungen noch Datenschutzstandards entspricht. Die GEW schlug der Bundesregierung bereits 2016 ein Bau- und Sanierungsprogramm für marode Schulen und Hochschulen vor. Die Forderung, der Bund solle ein auf zehn Jahre angelegtes Programm starten und dafür jährlich 3,5 Milliarden Euro in die Hand nehmen, bleibt aktuell.

Gute Bildungs- und Lebenswege für alle eröffnen

Gute Bildung und Bildungsabschlüsse sind zentrale Platzanweiserinnen in unserer Gesellschaft. Wer gut gebildet ist, findet leichter einen guten Arbeitsplatz, lebt finanziell sicherer, gesünder, beteiligt sich aktiv an Sport und Gesellschaft. Gute Bildung eröffnet also Teilhabe am Erwerbsleben und in Gesellschaft und Demokratie. Menschen mit beruflichem Abschluss und mit anschließendem Studium, also die besonders hoch Qualifizierten, sind außerordentlich zufrieden mit ihrem Leben, das zeigen die Untersuchungen der Nationalen Bildungsberichte und die OECD-Berichterstattung. Studien belegen jedoch ein ums andere Mal und in zunehmenden Maße, dass in Deutschland nach wie vor der Zugang zu besserer Bildung von der Risikolage eines Kindes abhängt, sei diese sozial, weil die Eltern nicht erwerbstätig sind, finanziell, weil sie armutsgefährdet sind, oder durch Bildungsferne bedingt, weil die Eltern keinen Berufsabschluss haben. Kinder mit Migrationshintergrund oder von Alleinerziehenden leben noch häufiger in Risikolagen als andere, denn diese haben mit mehr Härten zu kämpfen. Auf sie treffen häufig mehrere Risikolagen gleichzeitig zu.

Diese Risikolagen spiegeln sich in Kitas und Schulen in städtischen sozialen Brennpunkten wider. Diese Einrichtungen benötigen zusätzlich eine breit gefächerte Unterstützung nach Sozialindex. Erzieher*innen und Lehrkräfte in diesen Brennpunkten brauchen viel mehr Zeit für die Förderung der Kinder und die Beratung der Eltern. Der Personalschlüssel für solche Schulen und Kitas muss verbessert werden. Sozialpädagog*innen werden gebraucht, um den Kindern Bildungs- und Lebenswege zu eröffnen. Dafür ist die finanzielle Unterstützung der Länder durch Bundesmittel notwendig. Diese dürfen nicht nur nach dem Königsteiner Schlüssel, also nach der Zahl der Schüler*innen, sondern müssen bei bestimmten Maßnahmen – zum Beispiel Laptops für benachteiligte Kinder – nach Sozialindex verteilt werden.

Die soziale Spaltung wird durch das föderale Finanzierungssystem in Deutschland verstärkt. Kinder in armen Kommunen haben schlechtere Startmöglichkeiten. So ergab 2019 eine Untersuchung zu den Investitions- und Unterhaltsausgaben in Hessen, dass die Stadt Kassel für Kinder pro Kopf und Jahr 267 Euro ausgegeben hat, im selben Bundesland der Hochtaunuskreis dagegen 1.444 Euro. Und das nicht nur in einem Jahr, sondern dauerhaft. Pro Kind investierte der Hochtaunuskreis in 25 Jahren die 5,5-fachen Finanzmittel wie Kassel.

Gute Bildung heißt Demokratie lernen

Zum Bildungsauftrag gehört, die Schüler*innen zum selbstbestimmten Denken und Handeln zu befähigen, sie sollen ihre Verantwortung für sich und die Gesellschaft wahrnehmen und sich dabei von den Grundwerten des Grundgesetzes und den Menschenrechten leiten lassen. »Demokratie ist die einzige staatlich verfasste Gesellschaftsform, die gelernt werden muss!«, wie es der Soziologe Oskar Negt treffend formuliert hat. In den Schulen sorgt die Gesellschaft maßgeblich dafür, dass Demokrat*innen erzogen und gebildet werden, die die Wirklichkeit kritisch befragen und sich einmischen, wenn Menschenrechte, Demokratie, Rechtsstaat und Umwelt gefährdet sind. Die Schule ist also mehr als ein Ort, der nur auf das Erwerbsleben vorbereitet. Er ist ein Lebenslernort. Gegenwärtig müssen wir mit Blick auf diese wichtige Aufgabe von schwerwiegenden Versäumnissen mit entsprechenden Folgen sprechen.

Von einer Erfüllung dieses Bildungsauftrages kann gegenwärtig nicht die Rede sein. Seit dem sogenannten PISA-Schock im Jahr 2001 stehen die Leseförderung sowie die Stärkung sowie der MINT-Fächer, Mathematik, Informatik, Naturwissenschaft und Technik, im Zentrum der Bildungspolitik. In den Hintergrund geraten sind die gesellschaftswissenschaftlichen Fächer, die (inter-) kulturelle Bildung, Kunst, Musik und Sport. Politische Bildung führt seitdem ein Schattendasein und muss wieder ins Licht gerückt werden. Gemessen an den Zielen müsste die Demokratieerziehung als Unterrichtsprinzip eine herausragende Rolle in Studium und Vorbereitungsdienst erhalten. Das ist aber nicht so. Skandalös hoch ist der in der Schule fachfremd erteilte Politikunterricht. Mit häufig lediglich einer Unterrichtsstunde/Woche ab Klasse 8, die in Haupt- und Realschulen sowie in beruflichen Schulen zwischen 50 und 80 Prozent fachfremd unterrichtet wird, können Schulen ihrem demokratischen Bildungsauftrag nicht gerecht werden.

Die GEW fordert eine Stärkung der politischen Bildung und Demokratieerziehung von Anfang an. In der Ausbildung der Erzieher*innen muss der Pädagogik zum »Demokratie lernen« genügend Zeit eingeräumt werden. Der Sachunterricht in der Grundschule muss in Hochschule und Vorbereitungsdienst um das Modul »Demokratie lernen« ergänzt werden. Politische Bildung in den Sekundarstufen muss ausgebaut werden, dafür sind mehr zeitliche Ressourcen und die Einstellung dafür ausgebildeter Lehrkräfte erforderlich. Politische Bildung hat ihre Bedeutung in allen Schulformen der Sekundarstufen. Der Benachteiligung von Förderschüler*innen und Hauptschüler*innen durch eine geringere Zahl an Unterrichtsstunden und durch fachfremden Unterricht muss entgegengewirkt werden. Politische Bildung muss in allen Facetten von Bildungsgängen an den Beruflichen Schulen ihren Platz erhalten.

Gute Bildung ist inklusiv

Ein großer Teil der Kinder und Jugendlichen mit Behinderungen wird vom allgemeinen Schulsystem weiter ausgeschlossen und diskriminiert. Zudem werden diese Schüler*innen – vor allem die aus armen Familien oder mit Migrationshintergrund – überdurchschnittlich häufig als sonderpädagogisch förderbedürftig eingestuft. Die Corona-Krise hat einige dieser Ungleichheiten weiter verschärft. So sind Kinder und Jugendliche, die Schwierigkeiten mit der deutschen Sprache haben oder sich in prekären Lebens- und Wohnverhältnissen befinden, beim digitalen Fernunterricht benachteiligt.

Die GEW fordert seit Jahren ein inklusives Bildungssystem für alle Menschen und den Ausbau von Unterstützungssystemen. Zwar verkünden die Länder regelmäßig steigende Inklusionsquoten. Die Unterschiede zwischen den Schulformen sind jedoch enorm. An Gymnasien findet gemeinsamer Unterricht von Kindern mit und ohne Beeinträchtigung kaum statt. Zusätzlich sind die Exklusionsquoten in den schulischen Sonderformen in einigen Bundesländern nicht gesunken, sondern sogar leicht gestiegen. Auch in Kitas und anderen Jugendhilfeeinrichtungen müssen multidisziplinäre Teams geschaffen werden, um Inklusion umzusetzen. In der beruflichen Bildung braucht es eine inklusiv angelegte Berufs- und Studienorientierung, eine verlässliche Begleitung der Auszubildenden und die Unterstützung der Ausbildungsbetriebe. Es ist darauf zu achten, dass die notwendigen Kompetenzen zur Umsetzung der UN-Behindertenkonvention und der Kinderrechte vorhanden sind.

Bildungspolitik als Gesellschaftspolitik gestalten

Trotz der seit Jahren bekannten, in diesem Text skizzierten Baustellen und des empirisch belegten Wissens über den Zusammenhang von sozialen und Bildungsungleichheiten in unserer Gesellschaft hat sich bis heute bildungspolitisch wenig bis gar nichts getan. Eine Bildungspolitik, die sich als Gesellschaftspolitik versteht und sich nicht am Wettbewerbsimperativ der Marktwirtschaft orientiert, erfordert Investitionen. Sie muss gute Arbeitsbedingungen für die Lehrenden gestalten, damit diese ihren Bildungsauftrag erfüllen und ihren Beitrag zu demokratischer Teilhabe und zu guter Arbeit leisten können. Die Frage, was der Gesellschaft gute Bildung für alle wert ist und wie viel Geld der Staat bereit ist zu investieren, muss realpolitisch dringend beantwortet werden. Geschieht dies nicht bald, werden die sozialen Ungleichheiten in unserem Land zunehmen – mit ernst zu nehmenden negativen Folgen für den gesellschaftlichen Zusammenhalt und die Demokratie. Eine andere Bildungspolitik ist daher mehr als überfällig.

1 Siehe ‹https://www.dji.de/fileadmin/user_upload/_Hintergrundinformation_DJI_Kosten_Ganztag_Oktober_2019.pdf›.

2 Siehe ‹https://www.bildungsbericht.de/de/bildungsberichte-seit-2006/bildungsbericht-2020/pdf-dateien-2020/bildungsbericht-2020-barrierfrei.pdf›.

5 Die Wohnungskrise überwinden

Gute Arbeit und bezahlbarer Wohnraum für ein gutes Leben

Robert Feiger

Die Corona-Krise offenbart, was ohnehin schon lange unter der Oberfläche brodelte: Unser individuell ausgestaltetes Sozialsystem steht auf wackligen Beinen und für viele bietet es nicht einmal mehr einen letzten Halt vor dem Abrutschen in die Armut. Die Wohnung ist dabei im besonderen Maße zum Schauplatz sozialpolitischer Ungerechtigkeiten geworden. Seien es beengte Wohnverhältnisse, die *Homeschooling* und *Homeoffice* schwierig bis unmöglich machen, eine finanzielle Überlastung bei den Wohnkosten aufgrund plötzlicher Einkommensverluste oder schlicht die Unmöglichkeit, überhaupt noch eine bezahlbare Wohnung zu finden.

Schon vor der Krise waren viele Beschäftigte in unsere Branchen – Reinigungskräfte, Bauleute und Beschäftigte aus der Forst- und Agrarwirtschaft – im besonderen Maße von der Überhitzung des Wohnungsmarktes betroffen. Sie müssen immer höhere Anteile ihres Einkommens aufwenden, um überhaupt noch wohnen zu können. Die von uns erkämpften Lohnsteigerungen werden mitunter von den Mieterhöhungen getilgt. Aktuell müssen in Deutschland rund 40 Prozent der Haushalte in den Großstädten mehr als 30 Prozent ihres Nettoeinkommens ausgeben, um ihre Bruttokaltmiete zu zahlen, Energiekosten nicht eingerechnet. Fast jede*r Fünfte muss sogar mehr als 40 Prozent des Einkommens für die Miete ausgeben. In den Großstädten gibt es schon jetzt 1,3 Millionen Haushalte, denen nach der Mietzahlung weniger bleibt als der Regelsatz nach Hartz IV.

Die Zersplitterung von einzelnen Sozialleistungen, Steuerungs- und Förderinstrumenten dämpft dabei häufig nur einzelne Symptome ab. Sie sind mangelhaft aufeinander abgestimmt und quantitativ insgesamt völlig unzureichend bemessen. Das in letzter Zeit viel zitierte Brennglas legt seit dem Ausbruch der Pandemie an dieser Stelle auch keineswegs neue Probleme offen, sondern offenbart eine teils jahrzehntelang anhaltende ökonomische und politische Fehlentwicklung. Im Folgenden werden der dringende Handlungsbedarf offengelegt und Forderungen für einen wohnungspolitischen Kurswechsel formuliert, der auch einer sozialpolitischen Flankierung bedarf.

Schauen wir dazu zuerst auf die Entwicklung beim sozialen Wohnungsbau: Verbunden mit der Abschaffung der steuerrechtlichen Gemeinnützigkeit im Wohnungswesen im Jahr 1990 begann der weitgehende Rückzug der Bundespolitik aus dem sozialen Wohnungsbau. Die umfangreichen Wohnungsbestände in öffentlicher Hand schrumpften in Folge der Privatisierung drastisch. Mehr als 700.000 Wohnungen wurden durch Bund, ehemals bundeseigene Unternehmen, Länder und Kommunen verkauft. Damit wurde eines der wichtigsten Instrumente sozialer Wohnungspolitik fahrlässig aus der Hand gegeben: Anders als bei privaten Eigentümern kann der Staat bei seinen eigenen Wohnungsbeständen – politischen Willen vorausgesetzt – Einfluss auf Mietpreisgestaltung und soziale Belegungsquoten von Wohnungen nehmen. Mit der Aufhebung des Gemeinnützigkeitsrechts wurde die fortschreitende Privatisierung weiter befeuert. Das deutsche Fördersystem – im Gegensatz zu vielen europäischen Nachbarländern – sieht seitdem nur noch befristete Preis- und Belegungsbindungen bei geförderten Wohnungen vor. Somit fallen Sozialwohnungen in der Regel nach 20 bis 30 Jahren aus ihrer Bindung heraus und können zu Marktkonditionen vermietet werden.

Die Folgen sind heute deutlich spürbar: In den Jahren 2018 bis 2020 wurde die Lücke zwischen dem Wohnungsbauziel der Bundesregierung und der Wohnungsbautätigkeit bereits mit 250.000

Wohnungen beziffert. Diese Zahl wirkt umso drastischer, wenn wir den realen Bedarf an Sozialwohnungen betrachten. Aktuell hätten über 6 Millionen Haushalte in Deutschland Anspruch auf eine Sozialwohnung. Dem gegenüber steht ein schrumpfendes Angebot von nur noch 1,1 Millionen preisgebundenen Wohnungen. Anders ausgedrückt: Alle 12 Minuten verschwindet in Deutschland eine Sozialwohnung vom Markt. Dies führt dazu, dass laut Schätzungen des BAG Wohnungslosenhilfe rund 678.000 Menschen in Deutschland im Jahr 2018 ohne Wohnung leben mussten. Klar ist, ohne bedarfsgerechten Wohnraum kommen auch die Kommunen ihrer Unterbringungspflicht vielerorts nur noch mit Mühe nach.

Die sozialstaatliche Absicherung der Wohnraumversorgung unter dem Motto »Subjektförderung vor Objektförderung« wird den heutigen Problemen und Anforderungen nicht gerecht. Statt einer zukunftsweisenden und langfristig angelegten politischen Zusage an den sozialen Wohnungsbau erleben wir eine sozialpolitische Planungspolitik, die lediglich die hohe Nachfrage an Wohnungen weiter oben hält. Leistungen wie das Wohngeld oder Kosten der Unterkunft unterstützen jedoch lediglich die Mietzahlungsfähigkeit einzelner Haushalte. So ändert auch die jüngst eingeführte Anpassung des Wohngeldes an der Mietpreisentwicklung und der Verknappung von Wohnraum nichts. Die staatlichen Leistungen werden von vielen Vermieter*innen einfach eingepreist. Damit subventionieren die öffentlichen Haushalte letztlich überwiegend private Mieteinnahmen, ohne selbst die Preisentwicklung beeinflussen zu können.

Die soziale Schere schneidet indes immer tiefer in den Wohnungsmarkt. Der Mikrozensus 2018 deutet darauf hin, dass eine zu hohe Wohnkostenbelastung inzwischen längst auch Haushalte mit mittleren Einkommen betrifft. Auch hier greifen die Leistungen oft nur lückenhaft und können mit der Entwicklung der Wohnkosten vielerorts nicht mehr Schritt halten. So werden Haushalte mit niedrigen bis durchschnittlichen Einkommen, die oberhalb der Einkommensgrenzen für einen Wohnberechtigungsschein liegen, gegenwärtig fast überhaupt nicht gefördert. Die von der Bundesregierung 2019 eingeführte Sonderabschreibung für Mietwohnungsbau sieht zudem keinerlei Preisbindung der geförderten Wohnungen vor. Nach zehn Jahren Vermietung dürfen die steuerlich begünstigten Wohnungen ohnehin in Einzeleigentum umgewandelt werden.

Aber auch beim Wohneigentum sind keine Fortschritte zu verzeichnen. Die Förderung – durch Baukindergeld oder KfW-Kredite – konzentriert sich hier überwiegend auf mittlere bis höhere Einkommensgruppen. Dabei wird ausgeblendet, dass viele Haushalte mit niedrigen bis durchschnittlichen Einkommen angesichts der gegenwärtigen Preisentwicklung bereits an der Ansparung des nötigen Eigenkapitals scheitern oder sich bei einer Finanzierung ohne Eigenkapital auf lange Sicht verschulden.

Diese Diskontinuität staatlicher Förderpolitik beim Wohnungsbau bleibt letztlich auch für die Bauwirtschaft nicht ohne Folge: Ohne langfristige Planungssicherheit zögern Betriebe, Fachkräfte einzustellen, Auszubildende anzulernen und zu übernehmen. Ungeachtet des derzeitigen Bau-Booms und der zuletzt deutlichen tariflichen Lohnsteigerungen kämpft das Baugewerbe ohnehin mit einem erheblichen Fachkräftemangel, insbesondere in den Ausbaugewerken. Zuletzt sind die Auszubildendenzahlen zwar wieder gestiegen, auch weil in der Baubranche vergleichsweise hohe gewerkschaftlich durchgesetzte Ausbildungsvergütungen gezahlt werden. Die harte körperliche Arbeit und im Vergleich zur Industrie niedrigeren Löhne sorgen jedoch für eine permanente Abwanderungsgefahr.

Doch nicht nur innerhalb von Wohnungsmärkten verschärfen sich soziale Ungleichheiten und Problemlagen. Auch die räumliche Ungleichheit, etwa zwischen Großstädten und boomenden Metropolregionen auf der einen sowie ländlichen Gebieten auf der anderen Seite, hat deutlich zugenommen. Diese wachsende Polarisierung spiegelt sich auch in ungleichen Einkommensniveaus oder sehr unterschiedlicher Infrastrukturausstattung, insbesondere beim ÖPNV und Breitbandausbau wider. Die Baulandreserven und Infrastrukturauslastung in angespannten Wohnungsmärkten stoßen immer mehr an ihre Grenzen, während andernorts durch fortschreitenden Leerstand tausende Wohnungen ungenutzt bleiben und bei längerfristigem Leerstand womöglich zurückgebaut werden müssen. Auch in ökologischer Hinsicht ist diese Entwicklung extrem fragwürdig. Eine soziale Wohnungspolitik muss daher auch wieder auf die Herstellung tatsächlich gleichwertiger Lebensverhältnisse hinwirken.

Die Entwicklung der Wohnungsmärkte zeigt deutlich: Der Markt richtet es nicht. Wenn der Staat nicht mehr Verantwortung für den Wohnungsbau übernimmt und der Explosion der Mieten entgegenwirkt, dann wird sich die Wohnungskrise weiter verschärfen – mit verheerenden sozialen Folgen für Arbeitnehmer*innen, ob als Mieter*innen oder Wohnungssuchende. Wohnungsbau, seine Instandhaltung und Modernisierung sind jedoch gesellschaftliche Daueraufgabe. Hier bedarf es eines radikalen Kurswechsels.

Das Gebot der Stunde ist, die Wohnraumversorgung wieder als Teil der öffentlichen Daseinsvorsorge zu behandeln und dauerhaft als eine von mehreren »Säulen« des Sozialstaats zu etablieren. Neben ausreichendem Wohnungsneubau bedeutet das insbesondere, den Anteil der Wohnungen im öffentlichen Eigentum zu erhöhen, die Wohnraumförderung deutlich auszuweiten, die exzessive Preisentwicklung am Bodenmarkt einzudämmen und parallel ein gemeinnütziges beziehungsweise nicht profitorientiertes Segment im Wohnungsmarkt zu stärken. Konkret muss die soziale Wohnungsförderung auf mindestens 6 Milliarden Euro pro Jahr aufgestockt werden, um in den kommenden zehn Jahren den Sozialwohnungsbestand auf mindestens 2 Millionen Wohnungen zu erhöhen. Zusätzlich sollten weitere 3 Milliarden jährlich für die Förderung des bezahlbaren Wohnungsbaues bereitgestellt werden.

Darin liegt zugleich das Potenzial, die Tarifbindung in der Bau- und Wohnungswirtschaft zu stärken, sofern die öffentlichen

Interventionen konsequent mit Tariftreueregelungen verknüpft werden. Ansätze wie die neue Wohnungsgemeinnützigkeit können zudem dazu beitragen, die Wohnungsbauinvestitionen zu verstetigen und damit ein höheres Maß an Planbarkeit und Beschäftigungssicherheit in der Bauwirtschaft zu generieren. Dieser Paradigmenwechsel ist nicht nur sozialpolitisch und ökonomisch, sondern auch aus ökologischen Gründen geboten: denn die Erreichung eines klimaneutralen Gebäudebestands bis spätestens 2050 kann nur mit einer öffentlichen Förderung und einer gleichzeitigen Begrenzung privater Renditen auf sozial gerechte Weise erreicht werden.

Diese Ziele können nicht nur mit einer einzigen Maßnahme erreicht werden. Vielmehr ist eine Kombination von verschiedenen, auch sozialpolitischen Instrumenten erforderlich, die sinnvoll aufeinander bezogen sein sollten und im Folgenden näher beschrieben werden.

Sozial gerechte Bodenpolitik und Baulandvergabe

Für die IG BAU bedingt eine sozial gerechte Bodenpolitik und Baulandvergabe, dass die öffentliche Hand die Vergabe von Bauland an soziale Bindung und Mietpreisobergrenzen knüpft. Der Mangel an preiswertem Bauland hat in den vergangenen Jahren entscheidend dazu beigetragen, den Bau von bezahlbaren Wohnungen zu verhindern. Grundstückseigentümer und Baulandspekulanten erzielen in Ballungsgebieten durch Nichtverkauf gewaltige Gewinne und blockieren die Bereitstellung von Grundstücken für preiswerten Wohnraum. Aber auch Bund, Länder und Kommunen kassieren in Bieter-Verfahren satte Gewinne beim Verkauf öffentlicher Grundstücke, um ihre Haushalte zu sanieren. Zum Teil zwingt die Kommunalaufsicht Städte und Gemeinden, öffentliches Bauland zum Höchstpreis zu verkaufen – selbst bei sozial orientierten Wohnbauprojekten. Bund, Länder und Kommunen müssen ihrer sozialen Verantwortung gerecht werden und den Verkauf von Bauland für den Mietwohnungsbau an soziale Bindung und Mietpreisobergrenzen knüpfen.

Einführung einer neuen Wohnungsgemeinnützigkeit

Wohnungsbau sollte nicht allein den Profitinteressen privater Investor*innen überlassen bleiben. Es gilt, den gemeinwohlorientierten Wohnungsbau wieder steuerlich zu begünstigen. Im Gegensatz zu anderen gesellschaftlichen Bereichen gibt es in der Wohnungsversorgung seit 1989 keine steuerliche Begünstigung für gemeinnützige Unternehmen mehr. Die weitgehende Gewinnbeschränkung, der diese Unternehmen unterliegen, erlaubt es ihnen nicht, ihre Mietpreise nach Marktlage zu bestimmen oder bei der Bereitstellung von Wohnraum hohe Profite anzustreben.

Ein weiteres geeignetes Fördermittel für gemeinnütziges Bauen könnten Investitionszulagen für steuerbefreite Genossenschaften sein. Öffentliche Grundstücke sollten vorzugweise kommunalen oder anderen gemeinwohlorientierten Unternehmen zur Bebauung überlassen werden. Zudem sollte die Vergabe öffentlicher Grundstücke für den Wohnungsbau an die Einhaltung von Mietobergrenzen gekoppelt werden.

Das Ziel, Neubauwohnungen zu tragbaren Mietpreisen zu errichten, kann jedoch nicht allein durch öffentliche Förderung und regulierte Bodenpreise erreicht werden. Ein weiterer Baustein einer sozialen Wohnungsbaupolitik ist eine deutliche Senkung der Baukosten. Da wir jedoch auf einen Großteil der heutigen technischen Anforderungen im Wohnungsbau schon allein aus Gründen der Sicherheit und des Klimaschutzes nicht verzichten können, ist die Absenkung von Standards keine Lösung. Die Antwort auf das Problem der Baukosten muss vielmehr in einer Steigerung der Produktivität im Baugewerbe liegen. Schon im 20. Jahrhundert waren gemeinnützige und gewerkschaftliche Wohnungsbaugesellschaften die Vorreiterinnen bei der Einführung rationaler Bauverfahren, die damals zugleich einen neuen, höheren Wohnstandard ermöglichten. An diese Tradition gilt es heute anzuknüpfen. Zentral sind hier Technologiesprünge wie serielles und modulares Bauen – sprich: Vorfertigung kompletter Bauteile wie Wände, Decken, Raumzellen et cetera an festen Produktionsstandorten und deren anschließende Montage auf der Baustelle – das kann die Kosten im Neubau von Geschosswohnungen erheblich senken, da Skaleneffekte erzielt werden und der Bauprozess unabhängiger von der Witterung wird. Auch die Nutzung digitaler Hilfsmittel wie Building Information Modeling (BIM) kann Planungs- und Bauprozesse effizienter gestalten und in der Ausführung beschleunigen.

Die gewerkschaftliche Aufgabe besteht darin, solche Modernisierungsprozesse nicht bloß einzufordern, sondern auch konsequent im Sinne der Arbeitnehmer*innen zu gestalten. Das umfasst nicht nur eine breit angelegte Qualifizierungs- und Weiterbildungsoffensive für die Beschäftigten. Es geht auch darum, dass Umstellungsprozesse auf Betriebs- und Unternehmensebene verbindlich und frühzeitig durch die Beschäftigten mitbestimmt werden. Bei solchen Transformationsprozessen muss gute, tarifgebundene Arbeit gesichert werden. Die beschriebenen Innovationen dürfen auf keinen Fall zur Entqualifizierung von Arbeit und neuen Niedriglohnverhältnissen führen. Vielmehr müssen die Beschäftigten mitgenommen und die neuen Anforderungen in vorhandene Berufsbilder einfließen und diese sinnvoll ergänzen. Um dies abzusichern, sind auch branchenweite Tarifverträge sinnvoll und notwendig.

Förderung gleichwertiger Lebensverhältnisse – Einführung der Bürger* innenversicherung

Die Wohnungskrise lässt sich nicht mit Symptombekämpfung abwenden. Nur wenn wir die Krise ganzheitlich betrachten und ein dichtes Netz aus individueller Förderung, tarifgebundener Arbeit und institutionalisierter Wohnraumversorgung spannen, kann es gelingen, die Misere zu überwinden.

Ganz zentral ist hier die Einführung einer öffentlich-rechtlich organisierten Bürger*innenversicherung, zu deren Grundprinzipien das solidarische Miteinander und eine faire Verteilung der Kosten gehört. Für uns ist klar: Der Schutz im Alter, bei Pflegebedürftigkeit, Krankheit, Arbeitsunfähigkeit oder Arbeitslosigkeit darf kein Luxusgut bleiben. Vielmehr müssen die Leistungen an den Grundbedürfnissen ausgerichtet sein und den tatsächlichen Bedarf, etwa beim Wohnen, Internetzugang und der Mobilität, abdecken.

Hunderttausende Minijobber*innen wurden kurz nach Ausbruch der Pandemie – oft fristlos – gekündigt. Da Minijobs nicht sozial abgesichert sind, entfällt der Anspruch auf das Kurzarbeiter*innengeld oder Arbeitslosengeld. Aber selbst für Anspruchsberechtigte aus dem Niedriglohnsektor oder Selbstständige blieben oft nur die Beantragung von Hartz-4-Leistungen. Das ist beileibe keine Momentaufnahme, sondern Sinnbild eines Sozialsystems, das die Absicherung vor Krisen zur Privatsache erklärt hat. Die Notwendigkeit einer echten Mindestsicherung, die unabhängig vom Leistungsbezug, wie Arbeitslosenversicherung, Rente oder Krankengeld, ein Abrutschen in die Armut verhindert, wird immer deutlicher. Kurzum, wir brauchen eine Sozialpolitik, die mit den Menschen auf Augenhöhe agiert, sie schützt und gleichzeitig ihre Lebenssituation – auch in der Krise – respektiert.

Die langfristig ausgerichtete und nachhaltige Finanzierung der Bürger*innenversicherung setzt eine gerechte Verteilung der Kosten voraus. Die Beiträge sollen dabei auch auf Einkommen aus selbstständiger Arbeit und Vermögen gezahlt werden. Das entlastet letztlich alle Beitragszahler*innen, ohne die Unternehmen aus der Pflicht zur paritätischen Beitragszahlung zu nehmen. Jobs, die nicht oder nur teilweise sozialversicherungspflichtig sind, müssen der Vergangenheit angehören. Sie unterlaufen das Prinzip der Beteiligung aller Bürger*innen.

Eine hohe Tarifbindung ist dabei Grundlage einer guten Beitragsbasis. Doch davon sind wir weit entfernt, denn 2019 gab es für 55 Prozent der Beschäftigten im Osten und 47 Prozent der Beschäftigten im Westen keinen Tariflohn. Dazu kommen rund 2,4 Millionen Beschäftigte, die noch nicht einmal den gesetzlichen Mindestlohn erhalten, obwohl sie ein Anrecht darauf haben. Den Sozialversicherungen gehen so Beträge von mehreren Millionen Euro verloren. Tarifverträge sichern faire Arbeit am besten. Ein stabiles Tarifvertragssystem liegt auch in der Verantwortung der Unternehmen, die jetzt von den staatlichen Unterstützungen profitiert haben. Ebenso sind Bund, Länder und Kommunen in der Pflicht, Aufträge nur an tarifgebundene Unternehmen zu vergeben.

Dass Bund, Länder und Kommunen in der Vergangenheit beim sozialen Wohnungsbau deutlich zu wenig getan haben, rächt sich jetzt in der Corona-Krise bitter. Durch andauernde Kurzarbeit, Entlassungen, das Auslaufen befristeter Arbeitsverhältnisse und den Wegfall von Mini-Jobs wird in Deutschland die Zahl einkommensschwacher Haushalte deutlich steigen. Und auch in der Nach-Corona-Zeit werden die Folgen des Niederganges des sozialen Wohnungsbaues deutlich spürbarer sein. Die Wohnraumoffensive der Vergangenheit hat hier ihr Ziel weit verfehlt. Gefordert ist der politische Wille der kommenden Bundesregierung, ernsthafte und nachhaltige Impulse für den sozialen Wohnungsbau und bessere Rahmenbedingungen für bezahlbare Wohnungen zu setzen. Höchste Zeit, aus den Fehlern der Vergangenheit zu lernen.

6 Gesundes Essen – nachhaltige Produktion – faire Arbeit?

Nachdenken über Lebensstile und eine K(l)assenfrage am Beispiel der Fleischindustrie

Giudo Zeitler

BEEF! Das Hochglanzmagazin macht keinen Hehl aus seiner Zielgruppe: Fleisch wird nach wie vor von »richtigen« Männern gegessen. Ja, es darf hochpreisig sein und durchaus auch mal bio und regional gezogen. Diejenigen allerdings, die das Rind – im Übrigen auch das bio-aufgezogene – schlachten, können sich das Besteck nicht leisten, das in diesem Fall offenbar zur angemessenen Grundausstattung am Grill gehört. Nichtsdestotrotz schlägt das Herz vieler Schlachthofarbeiter auch für ein schönes Stück Fleisch. Nur kosten darf es in diesem Fall nicht so viel. Fraglos: 9,50 Euro die Stunde reicht für *BEEF!* nicht. Und auch das Philosophieren über die richtige »Pork-Life-Balance« (Magazintitel im Februar 2021) bekommt nach einem Tag schlechtbezahlter Schwerstarbeit im Schlachthof einen komplett anderen Klang. Für viele andere stellt sich indessen die Frage nach der »Pork-Life-Balance« in keiner Weise. Sie essen weder Schwein, noch arbeiten sie im Schlachthof. Und das offenbart noch eine andere Trennlinie: Essen ist – in Gesellschaften, in denen die weit überwiegende Mehrheit keinen Hunger mehr fürchten muss – auch eine Frage der Moral und des Lebensstils.

Dass dieser Textbeitrag mit Bezug auf ein Magazin beginnt, das nicht nur ein Schlaglicht auf die Geschlechter-, Lebensstil- und K(l)assenfrage wirft, sondern dessen Titelprodukt derzeit zurecht aufgrund des Methanausstoßes in der Kritik steht, hat einen Grund: Es zeigt gleich zu Beginn, wie vielschichtig das Thema Ernährung ist. Interessanterweise ist es das aber nicht nur heutzutage: Wie eng klassen- und gesellschaftspolitische Vorstellungen mit der »richtigen« Ernährung verknüpft waren und wie viel dies mit der Art und Weise der Herstellung, das heißt auch der industriellen Produktion zu tun hat, soll ein kursorisch kurzer Rückblick zeigen. Heutzutage haben wir es aber noch mit einem weiteren Spannungsfeld zu tun: Der Wert, der der Arbeit in der Branche beigemessen wird, hat auch mit der ökologischen Nachhaltigkeit der Rohstoffgewinnung zu tun.

All diese unterschiedlichen Betrachtungsweisen gehen an den Beschäftigten der Ernährungswirtschaft nicht vorbei. Denn sie und der Wert ihrer Arbeit stehen in deren Zentrum. Und das ist denjenigen, die die Debatten führen, häufig noch nicht einmal bewusst – oder auch im schlimmsten Fall einfach egal. Die folgenden Seiten wollen anhand der Fleischindustrie einen Beitrag zur Transparenz über die aktuellen Debattenstränge leisten und aufzeigen, was sie bei den Beschäftigten auslösen. Ziel ist es, dazu beizutragen, neue Bündnisse zu schmieden.

Der Fleischkonsum in der politischen Debatte

Wird über Fleisch als Nahrungsmittel geredet, kommt das Gespräch seit einigen Jahren nahezu zwangsläufig auf die Frage, wie viel davon in der Bundesrepublik pro Kopf und Jahr gegessen wird. Die Frage ist nicht zu trennen von den richtigen und notwendigen Diskussionen um Tierwohl und Treibhausgasemissionen und auch nicht von dem Beitrag, den wir alle dazu mit unserem Verbrauchsverhalten leisten. Allerdings: Gesellschaftliche Debatten sind offenbar das eine, Statistiken zum realen Verbrauch das andere.

Zwar sagen die Zahlen des Bundeslandwirtschaftsministeriums, dass im Jahr 2019 der Pro-Kopf-Verzehr bei 59,5 Kilogramm lag und damit um 2,5 Prozent unter dem Wert des Vorjahres. Wer nun allerdings glaubt, daraus ließe sich ein Trend zu weniger Fleischkonsum ableiten, der wird mit Blick auf die Zahlen der letzten 30 Jahre eher enttäuscht: Die jährlichen Verzehrmengen schwankten in dieser Zeit immer um die 60 Kilogramm pro Kopf.

Verändert hat sich statistisch der Selbstversorgungsgrad, also der Quotient aus Bruttoeigenerzeugung von Fleisch und dessen inländischem Verbrauch. Dieser ist von rd. 80 bis 85 Prozent noch in den 1990er-Jahren auf um die 120 Prozent in den 2010er-Jahren gestiegen. Das heißt: Obwohl der Pro-Kopf-Verzehr in der Bundesrepublik in etwa gleichgeblieben ist, wird erheblich mehr Schwein und Geflügel produziert als noch vor 30 Jahren. Während früher Fleisch importiert wurde, wird es heute exportiert.[1]

Schaut man geschichtlich weiter zurück, so zeigt sich, dass der menschliche Fleischkonsum im Laufe der Jahrhunderte ganz unterschiedlich groß war: Einige Forscher gehen davon aus, dass vor rund 500 Jahren im ausgehenden Mittelalter pro Kopf bis zu 100 Kilogramm Fleisch gegessen wurde, während für das beginnende 19. Jahrhundert rund 15 Kilogramm pro Kopf als erwiesen gelten. Im Jahr 1865 öffnete in Chicago die größte Fleischfabrik der Welt und damit der Albtraum im Akkord: Das Schlachten am Fließband, neue Kühlmöglichkeiten und ausgebaute Transportwege wurden zum Vorbild für eine Schlachtindustrie, die schließlich auch den Weg in die Städte Europas fand.[2]

Fleischkonsum als Ausdruck sozialer Abgrenzung

Der Genuss von Fleisch fand zum Beispiel im 19. Jahrhundert vor allem in herrschaftlichen oder reichen Haushalten statt. Es war deren Privileg, sich eine Mahlzeit mit Fleisch zu gönnen. Der Fleischkonsum war in der Geschichte eine sozial klassifizierende Praxis und damit Ausdruck politischer und ökonomischer Macht. Insofern bedeutete die Möglichkeit, sich regelmäßig Fleisch leisten zu können, für diejenigen, die ehemals von diesem Genuss ausgeschlossen waren, Teilhabe am gesellschaftlichen Reichtum. Der damit einhergehende soziale Wandel wurde unter der Etikettierung »Demokratisierung des Konsums« erst im Verlauf der 1960er-Jahren abgeschlossen.

Eine der Voraussetzungen dafür war, dass die industrielle Schlachtung und die damit zusammenhängende industriell geprägte Wertschöpfungskette nach dem Chicagoer Vorbild den Weg in die Städte Europas fanden. Zunächst entstanden in den Großstädten wie Berlin, München, Frankfurt, Paris und Rom repräsentative Schlachthöfe, die eine beeindruckende Architektur aufwiesen und zum Teil über ein ganzes Jahrhundert hinweg als kommunale Schlachtstätten genutzt wurden.[3]

Die geordnete Industrialisierung als Ausgangspunkt einer breiten Versorgung

Diesen Bau von Schlachthöfen mit Schlachthauszwang in der zweiten Hälfte des 19. Jahrhundert erzwangen die Städte auch in Folge der Urbanisierung aus gesundheitspolitischen und hygienischen Gründen: In den Städten hatten sich Tierkrankheiten und -seuchen ausgebreitet. In den 1920er-Jahren war dann die Kommunalisierung der Fleischversorgung organisatorisch und baulich in der Grundstruktur abgeschlossen. Viehmarkt, Schlachthof und Fleischmarkt waren integrierter Teil der städtischen Verwaltung und der Stadthygiene und unter öffentlicher Kontrolle.[4]

Bis in die 1970er-Jahre basierte die Fleischversorgung auf dem Transport des Lebendviehs mit der Bahn zu den in den Städten zentralisierten und von den Kommunen verwalteten Viehmärkten und Schlachthöfen. Hier kauften die örtlichen Fleischhauer von Händlern oder in größeren Städten von Agenturen, vermittelt von Kommissären, ihr Vieh, schlachteten es und übernahmen die lokale Fleischversorgung.[5] Rund um die kommunalen Vieh- und Schlachthöfe waren auch die Arbeitsverhältnisse der öffentlich Bediensteten geordnet.

Mit dem Vordringen moderner Kühl- und Transportsysteme entstanden schließlich in den 1960er- und 1970er-Jahren in den ländlichen Erzeugergebieten immer mehr private und genossenschaftliche Versandschlachtereien, die ihre Rinder- und Schweinehälften schnell und preiswert in jeden Winkel der Bundesrepublik liefern konnten. Und dort sei um bis zu 20 Prozent billiger geschlachtet worden, wie DER SPIEGEL wusste.[6] Der schrieb im Oktober 1975 vom »Letzten Gefecht« der westdeutschen Kommunal-Schlachthöfe, beklagte, dass diese den Steuerzahler immer mehr Geld kosteten und beschrieb, wie eine bundesweite Privatisierungswelle Abhilfe versprach: »weil millionenschwere Verluste auch viele andere Stadtkämmerer drücken, beschlossen bereits 70 westdeutsche Städte, ihre Schlachthöfe zu privatisieren«. »Blutige Rationalisierungen« seien notwendig und wurden auch durchgesetzt: In Ludwigshafen blieben von der einstmals 30-köpfigen Schlachthofadministration vier Hilfskräften übrig, die laut Plan »nur nach Bedarf und stundenweise« beschäftigt wurden. In der neuen Betriebsgesellschaft Fleischversorgung Köln GmbH wurde die Arbeit von ehemals 183 öffentlichen Bediensteten dann noch von 62 Arbeitnehmern geleistet.

Personalabbau, Senkung der Personalkosten zulasten der Arbeitsbedingungen und der Löhne der Beschäftigten gehörten so untrennbar zur Privatisierungsstrategie von Bundesländern und Kommunen. Mit der Konsequenz, dass das Schlachten heute nahezu komplett privatisiert und konzentriert ist: Im Jahr 2019 lag der Marktanteil der Top-10-Unternehmen in der Schweineschlachtung bei 80,1 Prozent.[7] Von den einstmals öffentlich Beschäftigten sind in den Schlachthöfen heute nur noch die Veterinäre und Fleischbeschauer übrig geblieben. Schlachter und Zerleger – einst für ihre schwere Arbeit angemessen bezahlt – bewegen sich derzeit finanziell auf Mindestlohnniveau oder knapp darüber.

Um keinen Zweifel aufkommen zu lassen: Die Industrialisierung der Lebensmittelproduktion insgesamt war eine der Voraussetzungen dafür, dass breite Teile der Bevölkerung an der Demokratisierung des Konsums teilhaben konnten. Industrielle Produktion von Lebensmitteln wird auch weiterhin unerlässlich sein, um in einer modernen, arbeitsteiligen Gesellschaft eine gesunde, abwechslungsreiche Versorgung zu ermöglichen. Es geht hier also nicht darum, die Industrialisierung an sich zu problematisieren – im Gegenteil. Es geht an dieser Stelle darum kritisch zu betrachten, wie sich die Fleischbranche und ihre Arbeitsbedingungen verändert haben.

Die Verheerungen der privatisierten Schlachthöfe

Bevor das Arbeitsschutzkontrollgesetz zum 1. Januar 2021 Werkverträge in den Bereichen Schlachten, Zerlegen, Verarbeiten verboten hat, war die Fleischbranche außer Rand und Band geraten: Teilweise gab es in Schlachthöfen nur noch 15 Prozent Stammbeschäftigte, für die der Betreiber noch Arbeitgeberverantwortung trug. Den übrigen Beschäftigten – vorwiegend aus Osteuropa im Rahmen der europäischen Freizügigkeit angeworben – wurden die elementarsten Arbeitnehmerrechte vorenthalten: Überlange Arbeitszeiten, nicht ausgezahlter Lohn, kaum Urlaub, Vorarbeiter, die trotz ärztlicher Atteste Kranke zur Arbeit drängen, mangelnder Arbeits- und Gesundheitsschutz, keine Tarifverträge, keine Mitbestimmung, zusammengepfercht in miesen Unterkünfte.

Die Kontrollbehörden waren mit dem Ausmaß an Verstößen schlicht überfordert oder scheiterten an der Findigkeit der jeweiligen Arbeitgeber, die Verantwortung so lange hin- und- her zu schieben, bis nur noch festgestellt werden konnte, dass so gut wie nichts »gerichtsfest« festgestellt werden kann. Verschwiegen werden soll aber auch nicht, dass Kommunalvertreter über lange Jahre nichts auf ihre lokalen Unternehmer kommen ließen: Zu gerne gesehen waren und sind Gewerbesteuer und Spenden, da schickt man dann nicht den Arbeitsschutz los.

Die Stammbeschäftigten konnten – auch mit Betriebsrat und gewerkschaftlicher Unterstützung – am Ende immer nur zusehen, wie weitere Arbeitsschritte oder ganze Abteilungen outgesourct wurden. Sie haben im Fall von unternehmerischen Entscheidungen nicht mitzubestimmen.

Kein Wert – nirgends

Je mehr das Modell der outgesourcten Verantwortung durch Werkverträge in der Branche aber um sich griff und damit zum Anschauungsmodell wurde, desto mehr wuchs auch die Angst der verbliebenen Stammbelegschaft, dass ihr das ebenfalls drohen könnte. So schwindet über Jahre Widerstandskraft, dem Wert der eigenen Arbeit wird nicht mehr viel beigemessen. Wenn man so leicht zu ersetzen ist, was ist das eigene Engagement, die eigene Fachlichkeit, die eigene Arbeit dann noch wert? Im Übrigen: Wer über Jahre hört, dass nur durch solche Geschäftsmodelle die Wirtschaftlichkeit des Unternehmens – und damit auch der eigene Arbeitsplatz – zu sichern sei, den lässt das Wettbewerbsargument am Ende nicht kalt.

Verschärft wird dies durch die scharfe, formal bedingte Trennung der Belegschaften im Betrieb. Der Werkvertrag muss einen in sich abgeschlossenen Prozess umfassen, der formal und tatsächlich keine Verbindung zum »Bestellerbetrieb« haben darf. Diese scharfe Trennung verhindert jegliche direkte fachliche Kommunikation vor Ort. Das heißt: Als Kollegen Verbindung und Kontakt untereinander aufzunehmen, ist schon aus rechtlichen Gründen nicht erlaubt, selbst wenn es keine Sprachbarrieren gäbe. Das gilt auch für Betriebsräte – so es sie in der Branche noch gibt. Sie sind für Werkvertragnehmer*innen nicht zuständig, haben keine rechtliche Handhabe, sich für deren Anliegen auf Basis des Betriebsverfassungsrechts erfolgreich einzusetzen. Das macht die Spaltung der Belegschaften in den Betrieben dann komplett.

Zeit für Neues – Tarifverträge und Anerkennung

Diese formale Trennung der Belegschaften durch Werkverträge wurde mit dem Arbeitsschutzkontrollgesetz für die Fleischindustrie nun beendet. Die Integration der in die Stammbelegschaften übernommenen Kolleginnen und Kollegen in die Betriebe hat gerade erst begonnen. Das gilt auch für ihre Integration in die Kommunen, in denen sie mit ihren Familien nun endlich ankommen können. Der Prozess der betrieblichen Integration wird uns, den Betriebsrät*innen und den Beschäftigten viel Neues an Kommunikation, ein Aufeinanderzugehen, Neugierde und gemeinsam zu entwickelnde betriebliche Kampfkraft abfordern.

Zum Zeitpunkt des Verfassens dieses Textes war der Ausgang der Tarifverhandlungen für die ganze Branche noch ungewiss. Für die NGG ist aber klar, dass wir mehr als 160.000 Beschäftigte aus dem Tal der Tränen holen und für menschenwürdige Arbeits- und Lebensbedingungen sorgen müssen. Voraussetzung dafür ist auch, dass Tarifverträge für allgemeinverbindlich erklärt werden, das heißt, dass sie so für alle Beschäftigten in der Fleischwirtschaft unmittelbar und zwingend gelten, unabhängig davon, ob ein Arbeitgeber tarifgebunden ist. Nur, wenn gleiche Spielregeln für alle gelten, gibt es die Chance, die Branche im Sinne der dort Beschäftigten neu zu ordnen.

Wer eine Tarifauseinandersetzung führt, ist auch darauf angewiesen, dass Beschäftigte diese nachvollziehen und sich so auch an ihr beteiligen können. Dazu gehören alle Instrumente, die Gewerkschaften und Betriebsräte schon kennen und häufig erprobt haben. In diesem Fall reicht das aber nicht, denn viele der neuen Stammbeschäftigten kennen weder die Instrumente, noch haben sie Vertrauen in die eigene und kollektive Widerständigkeit. Das heißt für uns: Es gilt in dem Prozess auch neue Ideen zu entwickeln, auszuprobieren und neue Bündnisse zu schmieden.

Eine unserer Antworten auf diese Herausforderungen ist es, alle diejenigen in einen kontinuierlichen Austausch miteinander zu bringen, die sich auch schon in den vergangenen Jahren mit den Vorgängen rund um die industriellen Schlachthöfe befasst haben: Kirchenvertreter*innen, Initiativen, engagierte Einzelpersonen und Wissenschaftler*innen, Beratungsstellen, Integrationsbeauftragte, kommunale Behördenvertreter*innen und Politiker*innen und natürlich uns als Gewerkschafter*innen. Denn es geht, neben der im engeren Sinne betrieblichen Integration, um ein Ankommen der ehemaligen Werkvertragsbeschäftigten in den Kommunen: Dazu gehören Sozialberatung, Sprachkurse, Wohnungsvermittlung und einiges mehr. All dies erleichtert dann wiederum das Ankommen im Betrieb. Zur Behandlung dieses Themenkomplexes haben bereits drei Initiativenkonferenzen stattgefunden, die der Vernetzung dienten und Fragen abklärten wie: Wer interveniert wann und wo? Welches sind jeweils erfolgversprechende Instrumente und Maßnahmen und welche bestehenden Strukturen können helfen?

Das alles ist gut und richtig. Und weit mehr als viele von uns sich hätten vorstellen können. Und doch gibt es eine Leerstelle, die sich eigentlich niemand leisten kann, der ernsthaft über Nachhaltigkeit in der Ernährungsindustrie nachdenkt oder spricht.

Die politische Verantwortung ist noch nicht zu Ende – sie hatte nur einen kraftvollen Start

Diese Leerstelle zeigt sich in der Zusammensetzung zweier Kommissionen, die von Bundesregierung – genauer gesagt vom Bundeslandwirtschaftsministerium – eingerichtet wurden und die ihre Abschlussberichte noch vor dem Ende dieser Legislaturperiode im September 2021 vorlegen werden oder in Auszügen schon vorgelegt haben. Beide Kommissionen – die »Zukunftskommission Landwirtschaft“[8] und die »Borchert-Kommission“[9] – beschäftig(t)en sich mit Tierwohl und Nutztierhaltung, allerdings ohne jedwede Beteiligung der in der Branche Beschäftigten und der branchenzuständigen Gewerkschaften. So viel Lob diese Bundesregierung für das Arbeitsschutzkontrollgesetz und die Abschaffung der Werkverträge in der Fleischindustrie verdient hat, so wenig ist es damit getan. Müßig der Hinweis, dass das Thema viel umfassender ist.

Im Januar 2021 ist auch der neue Ernährungspolitische Bericht erschienen,[10] der aus Sicht der Bundesregierung den Rahmen, aus unserer Sicht aber auch die Leerstelle, nochmals aufzeigt. Zu Recht weist der Bericht auf die gesundheitlichen Folgen von Fehlernährung hin, zeigt notwendigerweise auf, welche Rolle der Verbraucherschutz spielt, wie ein hohes Niveau an Lebensmittelsicherheit erzielt werden soll und vieles mehr. Trotz des häufigen Gebrauches des Begriffes »nachhaltig« im Bericht wird die soziale Dimension von Nachhaltigkeit jedoch nicht beleuchtet.

Ein wesentlicher Punkt dieser sozialen Dimension ist die Frage, wie das Menschenrecht auf angemessene Nahrung hier und weltweit verwirklicht werden kann. Soziale Nachhaltigkeit schließt aber auch die Arbeitsbedingungen all derjenigen mit ein, die auf der ganzen Welt in den Lieferketten arbeiten. Die Arbeitsbedingungen der 707.000 sozialversicherungspflichtig Beschäftigten, die in der Bundesrepublik Teil dieser Lieferketten sind, sind ganz unterschiedlich. Sie hängen sehr davon ab, ob die Beschäftigten einen Betriebsrat haben und entsprechend die Möglichkeit, im Betrieb mitzubestimmen, ob sie damit auch vor Willkür des Arbeitgebers weitgehend geschützt sind, ob für sie ein Tarifvertrag gilt, der höhere Löhne, Weihnachtsgeld, die Anzahl der Urlaubstage und vieles mehr regelt. Und am Beispiel der Fleischwirtschaft ist im letzten Jahr deutlich geworden, wie eng der Zusammenhang ist zwischen fairen Arbeitsbedingungen und der Produktion mit einer Stammbelegschaft.

Aber es ist auch aus Sicht des Verbraucherschutzes und der Verbrauchergesundheit ein Problem, wenn undurchsichtige Betriebsstrukturen Verantwortlichkeiten verschleiern: Wer ist dann eigentlich verantwortlich für die Einhaltung von Lebensmittelhygiene und damit für gesunde Produkte?

»Nachhaltigkeit« – ein sozial konflikthafter Begriff

Das alles führt uns zur Konflikthaftigkeit des Begriffs Nachhaltigkeit, einem Begriff, der seit Ende der 1980er-Jahre in Wellen die politische Debatte mitprägt und der heute in keinem politischen Programm mehr fehlt – auch nicht in unseren eigenen Gewerkschaftsbeschlüssen. Und doch ahnen wir spätestens seit der Erweiterung des Nachhaltigkeitsbegriffs durch die Vereinten Nationen auf 17 Entwicklungsziele, dass hier einiges an Widersprüchen und Spannungsfeldern verborgen ist. Denn leider lassen sich die Bekämpfung von Armut und Ungleichheit mit industrieller Innovation und Klimaschutz nicht so harmonisch vereinen, wie es die Sustainable Development Goals (SDGs genannt, das heißt nachhaltige Entwicklungsziele der UN, also der Vereinten Nationen) nahelegen. Ökologische Nachhaltigkeit birgt somit soziale Konfliktpotenziale in sich, denn es geht im Kern auch um die Auseinandersetzung um Lebensstile und Lebensführungen.[11]

Die Beschäftigten in der Fleischindustrie sind insofern von der Nachhaltigkeitsdebatte gleich in mehrfacher Weise betroffen. Ihr »Produkt« wird – ausdrücklich zurecht – sowohl unter ökologischen, als auch unter Tierwohl-Aspekten verhandelt. Aber zugleich prägt dies auch den gesellschaftlichen Blick auf ihre Arbeit. Unterdessen sind sie aber auch selbst Verbraucher*innen und aufgrund der geringen Höhe ihrer Einkommen davon abhängig, dass sie sich selbst noch leisten können, was sie produzieren, denn schließlich geht es um kein Luxusgut, sondern um einen Teil ihrer Ernährung.

Darüber hinaus geht es aber auch um tieferliegende Zuschreibungen. Über als gesund oder ungesund bewertete Essstile manifestiert sich soziale Vorherrschaft und eine besonders machtvolle Variante sozialer Ungleichheit.[12] Fleisch zu essen gilt in den Augen der kulturell dominierenden sozialen Milieus als wenig reflektiert und wenig verantwortungsvoll und wird mit sozioökonomisch benachteiligten Milieus in Verbindung gebracht.

Dabei versprechen ökologische Produkte und ein grüner Lebensstil sozialen Abstand nicht etwa dadurch, dass sie exklusive Güter oder Luxus für sich reklamieren. Sie wirken eher wie ein neues Statussymbol: Wer eine nachhaltige Lebensführung für sich in Anspruch nimmt, zeigt damit ein besonderes, moralisch überlegenes Wissen. Damit ist der so beschriebene ökologische Lebensstil weitgehend immun gegen Kritik und »wenig sensibel dafür, wie stark er Teil einer neuen Ungleichheitsordnung ist« schreibt der Soziologe Sighard Neckel. Er nimmt aber auch die unteren Einkommensschichten in den Blick, wenn er feststellt: »Hier versteht man die (stark begrenzte) Wahlfreiheit des Konsums als Belohnung für die Duldung der vielen Zwänge, die man im Alltag hinnehmen muss.«[13]

Nun sind die Spaltungslinien nicht so zementiert, wie es an dieser Stelle erscheinen mag und man kann *BEEF!* in dieser Hinsicht schon fast dankbar sein, denn das Magazin weist darauf hin, dass auch andere soziokulturelle Trennlinien existieren, wenn »Männer anders kochen«, wie es der Untertitel wissen will. Das zeigt, dass es in der Auseinandersetzung um Nachhaltigkeit auch andere Koalitionen geben kann, auch wenn sie nicht das Hauptfeld der Spannungen und Spaltungstendenzen beschreiben. Sighard Neckel beschließt seinen Text mit einem kraftvollen Plädoyer. Er schreibt zurecht, dass den ökologischen Gefährdungen der Gegenwart am wenigsten durch eine Politik geholfen ist, die sich vor allem auf die Sanktionierung des Konsums und die Maßregelungen der Lebensführungen fixiert, zumal der drängende ökologische Umbau innerhalb demokratischer Ordnungen der Zustimmung breiter Bevölkerungsschichten bedarf: »Wenn demokratische Prozesse eine Konfliktarena aufspannen, die dem Streit um die Lebensführung einen legitimen Rahmen verschafft, wird mehr zur Abwendung von Klimakrise und ökologischen Katastrophen getan, als selbstgewisse Erziehungsprogramme je ausrichten können.«[14]

An dieser Stelle kehren wir zurück an den Beginn dieses Beitrages. Denn selbstverständlich ist die Frage nach der *richtigen* Ernährung, der *richtigen* Produktion und der guten Arbeit ein gesellschaftlicher Aushandlungsprozess. Was heißt das? Nachhaltigkeit ist in all ihren Dimensionen ernst zu nehmen – als soziale, globale, und ökologische Nachhaltigkeit, die Tierwohl selbstverständlich mit einschließt. Die Spannungsfelder auszublenden, die sich aus einem solchen umfassenden Nachhaltigkeitsbegriff ergeben, hilft niemandem. Wenn dieser gesellschaftliche Aushandlungsprozess allerdings nebeneinander und nicht miteinander stattfindet, werden die Schlussfolgerungen auf Unverständnis und Widerstand stoßen.

Es geht entsprechend darum, dass wir alle künftig deutlich stärker als in der Vergangenheit miteinander ins Gespräch kommen. Auch streiten, wenn nötig. Aber mit Verständnis für die jeweils anderen und der klaren Zielorientierung in Richtung gesunder und klimafreundlicher produzierter Lebensmittel auf Basis von guten und fairen Arbeitsbedingungen.

1 Vgl. ‹https://www.bmel-statistik.de/ernaehrung-fischerei/versorgungsbilanzen/fleisch/›.

2 Vgl. Corinna Schirmer (2020): Vom Fleisch fallen. Das Ende einer Essgewohnheit, in: Kursbuch Nr. 204, Hamburg, Dezember 2020, S. 22-32.

3 Erwin Tönges 2020: Geschichte der Schlachthöfe im Wandel der Zeit, ‹https://agrardebatten.blog/2020/02/18/geschichte-der-schlachthofe› (letzter Abruf: 13.3.2021).

4 Wissenschaftlicher Dienst des Deutschen Bundestages 2020: Kommunale Schlachthöfe in Deutschland, ‹https://www.bundestag.de/resource/blob/709488/509d8dec9db105e47a7bf8d2aa2f4d1d/WD-5-077-20-pdf-data.pdf›.

5 Helmut Lackner (2004): Ein »blutiges Geschäft«. Kommunale Vieh- und Schlachthöfe im Urbanisierungsprozess des 19. Jahrhunderts. Ein Beitrag zur Geschichte der städtischen Infrastruktur; ‹https://www.nomos-elibrary.de/10.5771/0040-117X-2004-2-89.pdf?download_full_pdf=1›.

6 DER SPIEGEL 44/1975: Schlachthöfe: Letztes Gefecht; ‹https://www.spiegel.de/spiegel/print/d-41392810.html› (letzter Aufruf 11. März 2021).

7 Vgl. ‹https://www.fleischwirtschaft.de/wirtschaft/charts/ISN-Schlachthofranking-Deutschlands-groesste-Schlachter-41821›.

8 Informationen zur Zukunftskommission Landwirtschaft finden sich unter dieser Adresse: ‹https://www.bmel.de/DE/themen/landwirtschaft/zukunftskommission-landwirtschaft.html›.

9 Informationen zur Borchert-Kommission finden sich unter dieser ‹https://www.bmel.de/DE/themen/tiere/nutztiere/umbau-nutztierhaltung.html›.

10 Bericht der Bundesregierung zur Ernährungspolitik, Lebensmittel- und Produktsicherheit 2021: ‹https://www.bmel.de/DE/themen/ernaehrung/ernaehrungspolit-bericht2020.html›.

11 Sighard Neckel (2020): Der Streit um die Lebensführung, Nachhaltigkeit als sozialer Konflikt, in: Mittelweg 36, Heft 6, 29. Jg., Dezember 2020 / Januar 2021, S. 82-100.

12 Vgl. Eva Barlösius (2020): Du bist, was du isst, in: Kursbuch Nr. 204, Hamburg, Dezember 2020, S. 139-151.

13 Sighard Neckel, a. a. o., S. 91.

14 Ebd., S. 100.

7 Faire Mobilität für Gute Arbeit

Klaus-Dieter Hommel

Mobil sein können, darüber werden sich in der Regel keine Gedanken gemacht. Jeden Tag mit Bus oder Bahn zur Arbeit und zur Schule, am Wochenende ins Stadion oder ins Kino, zum Einkaufen oder auch Reisen: Mobilität scheint eine Selbstverständlichkeit. Aber das ist sie nicht. Mobilität ist mehr als der Verkehr, der Stadt und Land durchfließt. Sie garantiert die volle Teilhabe am gesellschaftlichen Leben, ob im Beruf, in der Familie oder in der Freizeit. Mobilität beeinflusst die Wahl unseres Wohnortes, ob und wie wir von und zu unseren Lebensmittelpunkten kommen. Die Bereitschaft, mobil zu sein, wird dabei von jeder und jedem in der Gesellschaft erwartet, ganz besonders von Beschäftigten. Das Mobilitätsangebot strukturiert damit den Raum und das Land, nicht nur national, sondern auch international – Tausende überqueren für ihre Arbeit täglich Grenzen. Es ist damit eine gesellschaftspolitische Aufgabe, diese räumliche Mobilität für Menschen und Güter zu schaffen und zu erhalten.

Diese Mobilität muss aber auch umweltfreundlicher werden, denn noch immer bewegen wir uns mit Energie aus fossilen Brennstoffen. Seit 1990 ist es im Verkehrssektor nicht gelungen, die CO2-Emissionen nennenswert zu senken. Vor allem ist es das System Schiene, dass zur Erreichung der Klimaschutzziele im Verkehrssektor wesentlich beitragen kann. Während CO_2-freie Antriebe im Individualverkehr noch vor großen Hürden stehen und in der Schifffahrt sowie im Luftverkehr noch in weiter Ferne sind, fährt die Bahn schon seit vielen Jahrzehnten elektrisch quer durch Europa. Bei einer wesentlich stärkeren Elektrifizierung und Umstellung der Stromversorgung auf rein CO_2-freie Energiegewinnung sowie einer Ablösung der mit Diesel betriebenen Loks und Triebzüge durch CO_2-freie Antriebe kann bereits in überschaubarer Zeit das klimapolitische Ziel emissionsfreier Verkehre auf der Schiene realisiert werden. Die klima- und umweltfreundliche Eisenbahn muss daher als Rückgrat des Verkehrssystems ausgebaut werden und zur Schaffung weiterer sozial-ökologisch nachhaltiger Arbeitsplätze beitragen.

Was häufig nicht gesehen wird: Hinter dem Mobilitätsangebot von Bahnen, Bussen, Fähren stehen Hunderttausende Beschäftigte, die sie gewährleisten. Sie sind es, die Fahrdienste übernehmen, Fahrpläne erstellen, das Schienennetz pflegen, Zukunftspläne durchrechnen, Modernisierungen planen. Bei Tag und Nacht, rund um die Uhr, zu Weihnachten, Ostern, Silvester, in einer Pandemie – sie sind da. Die Eisenbahn- und Verkehrsgewerkschaft (EVG) vertritt diese Beschäftigten in den Unternehmen und hat deshalb die Aufgabe, die Arbeitsbedingungen zu gestalten, zu erhalten und zu verbessern. Der Wert der Arbeit bemisst sich schon lange nicht mehr rein an der finanziellen Vergütung, im Zentrum stehen gleichberechtigt gute Arbeitsbedingungen. Zu diesen Arbeitsbedingungen gehört das Pendeln. Die Strecke, die Menschen zwischen Wohn- und Arbeitsstätte zurücklegen müssen, ist ein entscheidender Faktor für die Lebensqualität und die Vereinbarkeit von Beruf und Leben. Diese Strecke und die Zeit, die dafür aufgebracht werden, sind aber in den vergangenen Jahren immer länger geworden, und es gibt immer mehr Menschen, die pendeln müssen.

Waren es im Jahr 2000 knapp 14,9 Millionen, die sich morgens auf den Weg machen, sind es 2018 schon 19,3 Millionen gewesen. Jeder zweite von ihnen ist – pro Weg! – bis zu 30 Minuten unterwegs, 12 Prozent fahren sogar länger als eine Stunde zum Arbeitsort. 2006 wurde erstmals die durchschnittliche Distanz von 16 Kilometer überschritten. Dahinter stecken mehr als nur nackte

Zahlen. Wer viel Zeit für das Pendeln auf sich nimmt, gefährdet seine Gesundheit: Pendlerinnen und Pendler, so zitieren mehrere Krankenkassenstudien, sind anfälliger für psychische Beschwerden, vor allem bei langen Wegen. Sie schlafen schlechter, sie leiden unter Stress, wenn sie Stunden in vollen Zügen zubringen, haben häufiger Rückenschmerzen oder leiden an Herz-Kreislauf-Erkrankungen und hohem Blutdruck. Frauen sind dabei häufiger betroffen als Männer.

Die Beschäftigten der Deutschen Bahn haben auf den ersten Blick einen Vorteil: Um ihren Arbeitsplatz zu erreichen, können sie als Pendlerinnen und Pendler die Bahn nutzen, es kostete sie früher nur Zeit, kein Geld. Doch dieser Vorteil ist in den vergangenen Jahren drastisch geschrumpft. Dafür gibt es zwei Ursachen. Zum einen wurde im Rahmen der Bahnreform der öffentliche Personennahverkehr regionalisiert. Strecken, die zuvor durch die DB Region AG (ein Unternehmen des Bahnkonzerns) betrieben wurden, wurden in den folgenden Jahren ausgeschrieben und dann durch die Aufgabenträger an verschiedene Wettbewerbsbahnen vergeben. Dadurch entstanden Pendlern, die in Unternehmen des Bahnkonzerns beschäftigt waren, zusätzliche, zum Teil erhebliche Kosten für die Fahrt vom Wohn- zum Dienstort. Durch die Stilllegung von Bahnstrecken mussten zudem immer mehr Pendelnde auf den privaten PKW umsteigen und damit größtenteils längere Weg- und Fahrzeiten in Kauf nehmen.

Die zweite Ursache war die fortschreitende Rationalisierung in den Unternehmen der Deutschen Bahn AG und anderen Verkehrsunternehmen, wodurch sich die Bedingungen für Pendler verschlechtert haben. Dienst- und Einsatzpläne wurden systematisch örtlich und zeitlich optimiert. Für die Beschäftigten im Schicht- und Wechseldienst – was sehr viele betrifft – heißt das, dass Dienstbeginn und Dienstende zu unregelmäßigen Zeiten stattfinden. Dadurch kann der öffentliche Personennahverkehr nicht oder nur teilweise genutzt werden, um rechtzeitig vor Ort zu sein beziehungsweise den Wohnort zu erreichen. Das ist keine

Kleinigkeit. Denn ein Wohnortwechsel in die Nähe des jeweiligen Arbeitsortes ist vielen Beschäftigten von Verkehrsbetrieben vor allem in Ballungsräumen nicht möglich – die Mieten sind längst nicht mehr bezahlbar für sie.

Früher gab es dafür eine Lösung: die bahneigenen und vor allem bezahlbaren Wohnungen für Eisenbahnerinnen und Eisenbahner. Aber diese wurden, trotz massiver Gegenwehr der EVG, privatisiert und verkauft. Angesichts der dramatischen Situation wurde auf Initiative der EVG bereits im Frühjahr 2015 ein »Bündnis für bezahlbares Wohnen für Eisenbahner*innen« mit den betrieblichen Sozialpartnern der DB AG ins Leben gerufen. Mit der »Wohnrauminitiative« wurden und werden neben den bisherigen Belegungsrechten, die die DB AG mit verschiedenen Wohnungsunternehmen vereinbart hat, Liegenschaften vor allem in und um München geprüft, ob sie in Bauland umgewidmet werden können. Doch das ist Zukunftsmusik – noch werden über diese Initiative viel zu wenig, oft nur kleine oder auch nur möblierte Wohnungen angeboten.

Für die Beschäftigten sind die langen Pendelzeiten und die fehlenden Wohnungen ein so brennendes Thema, dass sie es in die EVG hineingetragen haben. Die Vereinbarkeit von Familie und Beruf und die Vermeidung von Gesundheitsgefährdungen sind Themen der Tarifpolitik und der betrieblichen Mitbestimmung geworden. Ein erster Erfolg zeichnet sich ab: Die EVG hat tarifvertraglich einen »Wo-Mo-Fonds« (Fonds für Wohnen und Mobilität) vereinbart, mit dem förderberechtigte EVG-Mitglieder Zuschüsse für hohe Wohnkosten beantragen können.

Der Wert der Arbeit bemisst sich damit daran, wie die Herausforderungen der digitalisierten, mobilen, modernen Welt angegangen werden. Die Unternehmen in der Verkehrs- und Mobilitätsbranche stehen vor den gleichen Herausforderungen wie andere zentrale Wirtschaftsbranchen: Niedrige Arbeitslosigkeit und hohe Beschäftigungsquoten bestimmen heute den Arbeitsmarkt. Fachkräfte sind in vielen Branchen rar. Die Digitalisierung, der Einsatz künstlicher Intelligenz vernichten Arbeitsplätze, schaffen auf der anderen Seite aber auch neue Arbeitsfelder mit neuen Anforderungen.

Mitarbeiterinnen und Mitarbeiter sind dabei gleichzeitig auch keine Bittsteller mehr, sondern stellen Ansprüche an ihre Arbeitgeber – und nicht nur beim Geld. Eine 2020 vom Jobportal *Indeed* mithilfe des Umfrageportals *Yougov* durchgeführte Studie mit dem Titel »Deutschland 2020: The Meaning of Work Report« bringt es auf den Punkt: »Das Ergebnis der Umfrage: Geld ist den Mitarbeitern immer noch wichtig, aber Themen wie Spaß und Selbstverwirklichung gewinnen an Bedeutung. Auch die Stimmung im Team und Flexibilität bei den Arbeitszeiten spielen für viele Menschen eine wichtige Rolle bei der Auswahl ihres Jobs.“[1]

Aufbruch in tarifpolitisches Neuland

Wie kann eine Gewerkschaft diese neuen Parameter von Arbeitnehmerinnen und Arbeitnehmern integrieren? Die EVG hat die Entwicklung analysiert und schon vor den nahenden Tarifrunden so genannte Tarifwerkstätten durchgeführt. In diesen Veranstaltungen diskutierten Mitglieder aus allen Berufsgruppen über die zukünftige Tarifstrategie der EVG. Gleichzeitig gab es Mitgliederbefragungen, um herauszufinden, welche Forderungen für die Tarifrunde den Mitgliedern am wichtigsten sind. Tausende haben daran teilgenommen. Damit wurde die Forderung nach einer besseren Work-Life-Balance Mittelpunkt der Tarifverhandlungen mit der Deutschen Bahn AG und vielen Wettbewerbsbahnen: Es geht um mehr Zeit für die Familie, mehr Möglichkeiten und Kontrolle, das eigene Leben zu gestalten und darum, Belastungen zu reduzieren. Aus gutem Grund: Eine Studie des Bundesministeriums für Familie, Senioren, Frauen und Jugend hat schon vor Jahren nachgewiesen, dass Maßnahmen für eine bessere Work-Life-Balance nicht nur individuell zu einem besseren Wohlbefinden führen, sondern auch wirtschaftlich und gesellschaftlich deutliche positive Wirkungen zeigt: Die Menschen fühlen sich wohler, sind seltener krank und leistungsfähiger.[2]

Das Ergebnis dieser Umfragen und Tarifwerkstätten floss in die Tarifpolitik der EVG. In der Tarifrunde 2016 hat sie zum ersten Mal ein Wahlmodell zwischen einer Entgelterhöhung, mehr Urlaub oder der Reduzierung der wöchentlichen Arbeitszeit gefordert – und durchgesetzt. Am 1. Januar 2018 trat bei der Deutschen Bahn AG das erste Wahlmodell in Deutschland in Kraft. Arbeitnehmerinnen und Arbeitnehmer können seitdem zwischen einer Erhöhung des Tabellenentgeltes um 2,6 Prozent oder sechs Urlaubstagen im Jahr mehr wählen. Diese Regelung war nicht nur bei der Deutschen Bahn AG ein voller Erfolg, sondern wurde in der Zwischenzeit (auch in veränderten Versionen) von anderen Gewerkschaften übernommen. Die EVG hat daher in der Entgeltrunde 2018 dieses Modell noch einmal als Wahlmodell (II) vereinbart. Mehr als 60 Prozent der Beschäftigten haben sich seither für 12 Tage mehr Urlaub entschieden. Und: Genutzt haben dieses Modell vor allem Pendler und Pendlerinnen.

Die großen Trends Individualisierung und Digitalisierung

Treiber von Wünschen wie der nach einer besseren Work-Life-Balance sind auch breite Trends, die die Arbeitswelt grundsätzlich verändern: Individualisierung und Digitalisierung, die »Arbeit 4.0«. Auf der einen Seite wollen Beschäftigte ihre Arbeitsbedingungen stärker individuell gestalten. Auf der anderen Seite verändern diese beiden Trends Geschäftsmodelle, Arbeitsprozesse, Produktionsmittel und Berufsbilder, und das nicht immer kontinuierlich, sondern oft sprunghaft. Die digitale Transformation wirkt direkt auf die Arbeitnehmer*innen und auf die Mobilität: In den Unternehmen werden alle wertschöpfenden Prozesse mehr und mehr digitalisiert. Digitale Geschäftsprozesse rücken mehr und mehr in den Mittelpunkt. Dabei geht es um die Mobilität von Prozessen, von Personen, es geht um Performance und Perspektiven, um den schnellen Daten- und Informationsaustausch.

Gleichzeitig fehlen in vielen Fällen die notwendigen Strukturen und Strategien. Erfolgreich wären diese auch nur, wenn die Beschäftigten an der Erstellung beteiligt werden. Weil das fehlt, setzen sich Digitalisierung und der Einsatz von künstlicher Intelligenz in vielen Unternehmen nur zögerlich durch.

Und Innovationen setzen sich immer schneller durch. Deswegen muss man an sie auch anders herangehen als in der Vergangenheit. Es wird zwar Schritt für Schritt eingeführt, aber es braucht Raum für flexible Anpassungen; Versuch und Irrtum gehören dabei zum Prozess. Gleichzeitig ist Schnelligkeit ein Kriterium, das Kund*innen und Markt wichtig ist. Damit entwickeln sich digitale Produkte immer weiter – es gibt keinen Punkt, an dem gesagt werden kann: Jetzt ist es fertig. Das aber bedeutet wiederum: Die Mitbestimmung ist gefragt, die Anforderungen an sie ist höher. Die Digitalisierungsprozesse in der Arbeitswelt müssen permanent durch die Interessenvertreter*innen und die Arbeitgeber*innen begleitet werden. Diese Entwicklungen sind eine tarifpolitische Herausforderung.

Der Tarifvertrag zur Digitalisierung

Der EVG ist es gelungen, erfolgreich darauf zu reagieren: Mit dem Abschluss des »Tarifvertrag zur Zukunft der Arbeit im Rahmen der Digitalisierung im DB Konzern« (TVArbeit 4.0 EVG 2018). Erstmals wurden von der EVG Veränderungen der Arbeitswelt durch Digitalisierung, Transformation und dem zukünftigen Einsatz von Künstlicher Intelligenz (KI) in einem Tarifvertrag berücksichtigt und geregelt. Dieser Tarifvertrag trat am 1. Januar 2019 in Kraft und dürfte – wieder – der erste dieser Art in Deutschland sein. Er beschreibt Themen, Verfahren und Modelle, wie die EVG und die Deutsche Bahn AG Veränderungen begleiten können, sei es bei der Frage, wie sich Berufsbilder weiterentwickeln, seien es die Beschäftigungsbedingungen. Die Tarifpartner*innen haben dafür gemeinsam die notwendigen tarifpolitischen Strukturen vorausschauend entwickelt. Das ist eine zentrale Aufgabe von Tarifpartner*innen: Die Wertschätzung der Arbeit über die finanzielle Entlohnung hinaus wahrzunehmen und konstruktiv zu begleiten, spürbar und nachvollziehbar für die Beschäftigten.

Dieser Tarifvertrag entstand nicht aus dem Nichts, er hatte Vorläufer, die bereits wichtige Fragen aufgenommen hatten: der »TV-Arbeit 4.0« und des »Demografie TV«. Mit ihnen wurde bereits in den Jahren 2015/2016 ein erster Gestaltungsrahmen festgelegt. Der Tarifvertrag Digitalisierung leistet aber mehr. Er ist die Vereinbarung darüber, wie digitale Prozesse künftig in die Arbeitswelt der beteiligten Verkehrsunternehmen eingeführt werden. Dazu gibt es eine digitale Roadmap, die ebenfalls tarifvertraglich und in einer Konzernbetriebsvereinbarung festgelegt wurde.

Zentral ist dabei, dass die Beschäftigten früh einbezogen werden, von der Planung über die Entwicklung bis zur Einführung. Der Arbeitgeber weist – soweit es ihm möglich ist – auf Auswirkungen auf die Arbeitswelt hin, und diskutiert sie mit den Interessenvertretungen und gegebenenfalls dem Tarifpartner. Es werden Kriterien für die Bewertung erarbeitet, offene Fragen terminiert und Prüfschritte für die Beteiligung festgelegt.

Es geht dabei zum Beispiel um personelle Auswirkungen: Verändert sich das Aufgabenprofil? Muss qualifiziert oder eingewiesen werden? Verändert sich die Wertigkeit der Tätigkeit? Wie sieht der Arbeitsplatz dadurch künftig aus, und der Datenschutz? Werden mehr, andere oder weniger Personalkapazitäten gebraucht? Wann und wie werden digitale Endgeräte eingesetzt, wie wird der Arbeitsschutz dabei gewährleistet, wie Ruhezeiten? Werden ergonomische Standards eingehalten, wie anwenderfreundliche Handhabung, intuitive Bedienbarkeit, Barrierefreiheit und Funktionsfähigkeit? Was auf den ersten Blick aussieht wie eine schwer überschaubare, viel zu detaillierte Liste an Aufgaben ist tatsächlich die Beteiligung von Hunderttausenden Beschäftigten, die schließlich mit den Prozessen und Geräten täglich arbeiten müssen – und zwar ein Arbeitsleben lang. Nur Sorgfalt und detaillierte Regelungen bieten hier ein sicheres Netz für gute Arbeitsbedingungen. Deswegen haben EVG und die Deutsche Bahn AG Regelungen vereinbart, wie für Veränderungen bei Berufsbildern, Tätigkeiten, zur Mobilen Arbeit, häuslichen Arbeitsstätte, Beschäftigungssicherung und für viele andere Bereiche.

Bei Megatrends mithalten

Ob das reicht, wird sich zeigen. Denn Thinktanks wie das Zukunftsinstitut erwarten, das mehrere Megatrends zukünftig unsere Gesellschaften bestimmen werden – ohne unser Zutun. Es sind »Lawinen in Zeitlupe«, wie das Zukunftsinstitut schreibt, »extrem komplexe Veränderungsdynamiken“[3], die das Institut auf zwölf Megatrends reduziert hat, um eine Navigationshilfe zu geben: Wissenskultur, Urbanisierung, Konnektivität, Neoökologie, Globalisierung, Individualisierung, Gesundheit, New Work, Gender Shift, Silver Society, Mobilität, und Sicherheit.[4]

Diese Megatrends erzeugen epochale Veränderungen, die auch die Wirtschaft nicht nur kurzfristig, sondern auf mittlere bis lange Sicht prägen werden. Ihre Wirkungen entwickeln sich zwar langsam und über Jahrzehnte, können aber auch die Grundlage für vergleichsweise schnelle Durchbrüche auf den Märkten und für Disruptionen sein. Sie formen langfristig gesamte Gesellschaften um und zwingen nicht selten ganze Branchen dazu, ihre Strukturen und Geschäftsmodelle neu auszurichten. Megatrends wirken nicht isoliert voneinander, sondern entfalten ihre Wirkung durch vielfältige Wechselwirkungen, die in der Folge zu gesellschaftlichen Veränderungen führen können.

Die Berücksichtigung von Megatrends ist deshalb auch für die gewerkschaftliche Arbeit der EVG unverzichtbar. Sie sind Bestandteil einer Initiative »EVG 2030«, die sich mit der Zukunft unserer Gewerkschaft beschäftigt. Über diese Initiative organisieren wir bundesweit Diskussionen mit unseren Mitgliedern über die Zukunft, ihre Erwartungen, ihre Erfahrungen und ihre Vorschläge. Denn wer als Gewerkschaft morgen erfolgreich sein will, braucht ein klares Verständnis über die Möglichkeiten der Zukunft. Wenn wir die Interessen der Arbeitnehmerinnen und Arbeitnehmer weiterhin optimal vertreten wollen, dann müssen wir die zukünftigen Bedürfnisse der Menschen und die Entwicklung der Gesellschaft und der Unternehmen kennen.

Für die Zukunft der Tarifpolitik haben wir besonders die Auswirkungen der Megatrends Mobilität, New Work, Individualisierung und Wissenskultur bewertet. Der Megatrend Mobilität beschreibt laut Zukunftsinstitut die Entstehung einer mobilen Weltkultur, »getrieben von einem immer facettenreichen und differenzierter werdenden Angebot an Mobilität«.[5] Wir beobachten jetzt schon, wie immer neue Produkte und Angebote entstehen, und sich der Blick auf Verkehrsmittel verändert. Es gehe nicht mehr nur von A nach B, Mobilität beinhalte längst auch Themen wie Erlebnis, Nachhaltigkeit und Gesundheit, stellt das Zukunftsinstitut fest. Hinzu kommt der Megatrend Individualisierung: Menschen wollen mehr Wahlfreiheiten, mehr individuelle Selbstbestimmung. »Dabei wird auch das Verhältnis von Ich und Wir neu ausgehandelt. Es wächst die Bedeutung neuer Gemeinschaften, die der Individualisierung künftig ein neues Gesicht verleihen«, glaubt das Zukunftsinstitut.[6]

Offen ist, ob und wie die Corona-Pandemie diese Entwicklung prägen wird. Auch der Megatrend New Work ist in der Erwerbsarbeitswelt zunehmend wahrzunehmen: ein neues Verständnis von Arbeit, bei dem die Sinnfrage mehr und mehr in den Vordergrund rückt. Gleichzeitig verschwimmen, unter anderem durch die Digitalisierung, die Grenzen zwischen Arbeit und Leben. Die Digitalisierung treibt auch den Megatrend Wissenskultur: Nie zuvor war Bildung so weit verbreitet, und so leicht verfügbar. »Kooperative und dezentrale Strukturen zur Wissensgenerierung breiten sich aus, und unser Wissen über das Wissen, seine Entstehung und Verbreitung, nimmt zu«, heißt es beim Zukunftsinstitut.[7]

Was das Zukunftsinstitut beim Erstellen dieser Megatrends nicht wissen konnte: dass eine Pandemie die Welt auf den Kopf stellen würde, vor allem die Wirtschaft, und hier die Mobilität. Manche Megatrends, heißt es in aktuellen Studien, wurden dadurch befeuert, andere ausgebremst.[8] Weil niemand weiß, wann und wie diese Pandemie endet, ob wir sogar in einer Ära der Pandemie leben, werden sich die Trends vermutlich ändern, in ihrer Stärke und vielleicht in der Richtung. Aber sie werden voraussichtlich nicht verschwinden. Und Gewerkschaften wie die EVG werden den Wert der Arbeit ihrer Mitglieder in und mit diesen Trends immer wieder neu vermessen und gestalten: damit Menschen mithalten und mitgestalten.

1 ‹http://blog.de.indeed.com/2020/01/30/karriere-gehalt-nicht-mehr-so-wichtig/›.

2 ‹https://www.bmfsfj.de/bmfsfj/service/publikationen/work-life-balance-motor-fuer-wirtschaftliches-wachstum-und-gesellschaftliche-stabilitaet-96408.›

3 ‹https://www.zukunftsinstitut.de/dossier/megatrends›.

4 ‹https://www.zukunftsinstitut.de/dossier/megatrends/#12-megatrends›.

5 ‹https://www.zukunftsinstitut.de/dossier/megatrend-mobilitaet›.

6 ‹https://www.zukunftsinstitut.de/dossier/megatrend-individualisierung›.

7 ‹https://www.zukunftsinstitut.de/dossier/megatrend-wissenskultur›.

8 ‹https://www.zukunftsinstitut.de/artikel/megatrends-nach-corona-zeit-fuer-eine-revision›.

8 Wertschätzung ist keine Einbahnstraße

Oliver Malchow

Manche Menschen trennen sich nur schwer von ihrem Arbeitsplatz, einem fundamentalen Lebensinhalt, fallen gar in ein Loch, wenn durch Ruhestand zwar absehbar oder durch Kündigung plötzlich die Arbeit wegbricht. Arbeit ist für die überwiegende Mehrheit der Menschen nicht nur hierzulande, sondern weltweit, eine elementare Lebensbegleiterin, oft dazu Identifikationsfaktor und persönlichkeitsbildend. Modernes Jobhopping lässt dies jedoch womöglich langsam verblassen. Polizeibeschäftigte sind davon bei Weitem nicht in dem Maße betroffen, wie ich es für andere Berufssparten in Industrie- oder Dienstleistungsbranchen mutmaße. Sie gehen prinzipiell ein Erwerbsleben langes Arbeitsverhältnis ein und drücken in der Mehrheit damit aus, dass ihr Beruf deutlich mehr ist als Gelderwerb, sondern vielmehr Berufung. Das ist selbstverständlich kein Alleinstellungsmerkmal unseres Berufs. Wie tief jedoch das Polizist*innensein in den Kolleginnen und Kollegen verwurzelt ist, vor allem nach teils aufreibenden Dienstjahren, habe ich aus persönlichem Erleben, Gesprächen und Beobachten erfahren. Es klingt womöglich etwas abgedroschen, dennoch trifft es zu: einmal Polizist*in, immer Polizist*in.

Wertperspektiven

Der Wert polizeilicher Arbeit besitzt mindestens zwei Perspektiven: die der Gesellschaft auf die Polizei und die Sicht auf den Wert, den die oder der Einzelne für sich persönlich mit ihrem und seinen Beruf und Wirken verbindet und aus ihm entnimmt.

Für die demokratische Gesellschaft, letztlich für jede und jeden von uns hierzulande, bedeutet innere Sicherheit gleichermaßen soziale Sicherheit. Keine dieser Formen von Sicherheit kommt hier ohne die andere aus. Für uns Polizeibeschäftigte und die Gewerkschaft der Polizei hat daher das in Umfragen regelmäßig bestätigte, hohe Vertrauen in die polizeiliche Arbeit ein enormes Gewicht. Es ist eine ebenso große wie dankbare Verpflichtung und ständiger Arbeitsauftrag. Die Polizei in diesem Land lässt keine Angsträume zu, und sie tut alles dafür, selbst keine Angst zu verbreiten. Das liegt ihr aus eigenem Selbstverständnis fern. Sie schätzt innere Sicherheit wert, weil sie weiß, wie sehr Bürgerinnen und Bürger innere Sicherheit wertschätzen. Und sie wünscht sich Wertschätzung für ihr Bemühen.

Im Laufe der nunmehr weit über 30 Jahre, die ich Polizist bin, haben mich immer wieder liebe, jedoch auch mir weniger zugetane Menschen gefragt, warum ich eigentlich diesen Beruf gewählt habe. Es ist durchaus vorgekommen, dass die Fragenden von meiner Antwort enttäuscht waren. Nicht immer sind es die hehren Ziele und Ideale, die einen dazu bringen, dem Staat, seiner Gesellschaft und vor allem seinen Menschen zu dienen. Und nicht automatisch bewirbt sich das Kind, das schon immer lieber den Gendarmen als den Räuber personifiziert hat. Ein Freund-und-Helfer-Gen ist meines Wissens auch noch nicht isoliert worden. Und womöglich findet es jemand zu einem bestimmten Zeitpunkt ihrer oder seiner Entwicklung einfach cool, Polizist*in werden zu wollen. Erst später zeigt sich, wie man mit der Wucht der Aufgabe klarkommen wird.

Mit welchen Berufsvorstellungen und -wünschen bewerben sich also Menschen bei der Polizei. Meistens erhoffen sie sich einen vielfältigen und abwechslungsreichen Berufsalltag. Das Tragen einer Uniform oder von Waffen spielt im Übrigen eher eine untergeordnete Rolle. Häufig fehlt auch das Bewusstsein dafür, was das Anwenden von Zwangsmitteln oder prinzipiell tödlichen Waffen sowie generell Eingriffe in verbriefte Grundrechte für das Gegenüber und einen selbst bedeuten und was sie in der Folge bewirken.

Die tatsächlichen Belastungen des polizeilichen Alltags können den Bewerberinnen und Bewerbern zu diesem frühen Zeitpunkt nicht gegenwärtig sein, der Weg in die Praxis fällt dadurch hier und da teils steinig aus.

Eine Bürger*innenpolizei ist es wert

In Auswahlgesprächen formulieren viele Bewerber*innen den Wunsch, für die Bürgerinnen und Bürger da zu sein, ihnen helfen zu können. Dieses Ansinnen ist sehr präsent, es dominiert geradezu. Die vielleicht künftigen Beamtinnen und Beamten kommen also mit einem positiven Bild über das Verhältnis der Bürgerinnen und Bürger zur Polizei. Diese bejahende Grundstimmung gilt es während des Studiums oder der Ausbildung zu schärfen und mit Rechtskunde und berufsethischen Aspekten zu unterlegen. Vor diesem gefestigten Hintergrund machen wir diese Menschen fit und widerstandsfähig für die wertvolle Arbeit in einer der Bevölkerung zugeneigten Polizei – als Gewerkschaft der Polizei (GdP) sprechen wir von einer Bürger*innenpolizei.

Dabei ist die durchweg hohe Professionalität des Studiums oder der Ausbildung, die den Weg in den Polizeivollzugsdienst ebnen, schon ein Wert an sich. In den meisten Bundesländern führt dieser über ein dreijähriges Studium an einer Verwaltungsfachhochschule und schließt mit einem Bachelor ab. Die Absolvent*innen starten als Kommissar*in im gehobenen Dienst in ihr Berufsleben. Für diesen höheren Wert der Berufsvorbereitung hat die Gewerkschaft der Polizei über viele Jahren mit politischer Arbeit auf vielerlei Ebenen sowie aussagekräftigen und offenbar überzeugungsmächtigen Gutachten am Ende erfolgreich gestritten.

Den Sonderweg Polizei verlassen

Dem alternativen Vorschlag, eine bessere Bezahlung über die Schaffung einer eigenen Laufbahn für die Polizei zu erreichen, haben wir seinerzeit widerstanden. Uns ging es darum, die hohen Erwartungen an die Polizistinnen und Polizisten sowie deren dienstlichen Herausforderungen angemessen bewertet zu wissen. Damit betonten wir den Wert der polizeilichen Arbeit für die Gesellschaft, indem wir den Einzelnen, der sich in den beschwerlichen Dienst begeben will, schon von Anfang an über die qualifizierte Berufsvorbereitung in Form eines Studiums ein Gefühl der gesellschaftlichen Wertschätzung verleihen. Gleichzeitig haben wir angesichts dieser Bildungsform den Sonderweg Polizei verlassen und einerseits die Anforderungen bei der Ausübung polizeilicher Tätigkeiten denen anderer Arbeitsplätze im öffentlichen Dienst und der Wirtschaft angepasst sowie die Polizei in das gesellschaftliche Gefüge der Arbeit integriert.

Noch haben sich unsere Gedanken und Argumente für diese sogenannte zweigeteilte Laufbahn nicht in allen Bundesländern und auch nicht bei der Bundespolizei durchgesetzt. Kolleginnen und Kollegen werden weiterhin in den »Mittleren Dienst« eingestellt – teils jedoch mit erhöhten Einstiegsdienstgraden, immerhin. Aus Sicht der GdP wird daran deutlich, dass diese Arbeitgeber noch nicht bereit sind, den tatsächlichen Wert der polizeilichen Arbeit offiziell anzuerkennen. Sie würdigen zwar, dass der Dienst schwierig und herausfordernd ist, den folgerichtigen Schritt, den Bildungs- und Laufbahnweg diesen Faktoren anzupassen, gehen sie nicht – mit unnötigen Folgen.

Es gibt ausreichend Bewerberinnen und Bewerber mit entsprechenden Bildungsvoraussetzungen für ein Bachelor-Studium bei der Polizei. In den Ländern ohne zweigeteilte Laufbahn nimmt der Dienstherr, so nennen wir – womöglich etwas anachronistisch – unseren Arbeitgeber, die höhere Qualifikation der künftigen Polizistinnen und Polizisten zwar gerne an, bietet im Gegenzug einer Gruppe der Interessierten jedoch nur den Einstieg in die niedrigere »Meister«-Laufbahn, also ohne akademischen Hintergrund, an. Das findet die GdP weiterhin nicht in Ordnung und setzt einen Schwerpunkt ihrer Bemühungen darin, die Wertschätzung des

Polizeiberufs bereits über die Ausbildung flächendeckend deutlich werden zu lassen.

Grundsätzlich ist festzustellen, dass die Qualität der Ausbildung in den letzten Jahrzehnten deutlich gestiegen ist. Maßstäbe dieses eindeutigen Fortschritts waren – und sind – politische Sichtweisen und gesellschaftliche Entwicklungen. Der aus meiner Sicht größte Antrieb dazu kommt aber vor allem aus der Organisation selbst. Dass sich die Polizei vor dem Hintergrund professionellen polizeilichen Handelns immer aufs Neue infrage stellt, wissen die Polizei und auch ihre Gewerkschaft. Draußen ist das jedoch nur sehr unzureichend bekannt. Womöglich wird diese außerordentlich wichtige Wesensart der Polizei wider besseres Wissen – zumindest von interessierter Seite – sogar geflissentlich ignoriert. Aus meiner Erfahrung als Bundesvorsitzender muss ich vor dem Hintergrund journalistischer Anfragen oder manch politischer Gespräche tatsächlich eine gewisse Überraschung darüber konstatieren, dass oft ein Teil meiner Interaktionen davon geprägt war, zu verdeutlichen, dass die Polizei nicht »stehengeblieben« ist, sondern sich intensiv um eine den Zeitläuften angemessene Weiterentwicklung bemüht. Meine Kolleginnen, Kollegen und ich sprechen in solchen Gelegenheiten von der Polizei als lernender Organisation. Das Lernen muss jedoch durch das Lehren kanalisiert und koordiniert werden. Somit sind die Polizeischulen bis hin zur Deutschen Hochschule der Polizei äußerst wichtige Eckpfeiler unserer aktiven und lebendigen, polizeiinternen Struktur.

Die Lehrenden dort erkennen durch stetige Selbstreflexion und Beobachtung, wie die Lernenden an die permanent steigenden Anforderungen und Erwartungshaltungen der Staatsanwaltschaften und Gerichte, der Bevölkerung, der Politik und letztlich der Polizei selbst, bestmöglich herangeführt werden. Dabei herauskommen dann unter anderem rechtliche Handlungssicherheit, persönliche wie soziale Kompetenz, Kommunikationsgeschick und Bürger*innennähe, am Ende auch Durchsetzungsvermögen: Voraussetzungen, die das Vertrauen in die Polizei nachhaltig stärken.

Erwartungen gerecht werden

Soweit zu Studium, Ausbildung und Berufsvorbereitung. Nun stehen die junge Polizistin oder ihr junger Kollege vor ihrer ersten Schicht. Was wird von ihnen erwartet? Welchen Wert zieht die Gesellschaft aus ihrer Arbeit?

In unserer Mitgliederzeitschrift »DP – DEUTSCHE POLIZEI« ist mir jüngst eine aus meiner Sicht bemerkenswerte Aussage aufgefallen. Auf die Frage, warum in Niedersachsen in einem Projekt die »Demokratie unter Polizeischutz« gestellt werde, sagte der dafür verantwortliche Leiter der an der dortigen Polizeiakademie angesiedelten Forschungsstelle für Polizei- und Demokratiegeschichte, Dr. Dirk Götting: »Ohne Polizei keine Freiheit – so knapp und direkt möchte ich das auf den Punkt bringen.«

So weit, so klar, doch welchen Erwartungen sollen die Menschen in der Polizei gerecht werden? Kompetenz, Autorität, Empathie, Stärke, Sicherheit, Ausgeglichenheit, Mut, Unparteilichkeit, Unvoreingenommenheit, Wachheit, Einsatzbereitschaft, Hilfsbereitschaft, Abwägen können, Entschlossenheit, Rückgrat, Ausstrahlung, Korrektheit, Vorbild sein, Freundlichkeit und sicher einiges mehr. Was jedoch erwartet sie? Ein Potpourri aus Gegensätzen, eine enorme Bandbreite menschlichen Verhaltens zwischen Physis und Psyche, Gewalt und Zuneigung, Elend und Glück, Schicksal und Hoffnung, Routine und Risiko, Erschütterung und Erleichterung, verletzen und verletzt werden, Dankbarkeit und Hass, Lob und Beleidigung und sicher einiges mehr.

Kaum vorhersehbar

Die Laufbahnen, Karrieren, womöglich auch Schicksale von Polizistinnen und Polizisten im sogenannten operativen Dienst entwickeln sich trotz dieses breiten wie auch vielgliedrigen, nicht zuletzt hoch interessanten und herausfordernden Spektrums zwar in einem gemeinsamen Rahmen, jedoch – wenig überraschend – unter verschiedensten Bedingungen und Einflüssen. Da gibt es Einsatzkräfte, die nach ihrer Ausbildung und einigen Jahren Erfahrung kaum noch Kontakt zu den »normalen« Bürger*innen auf der Straße haben. Sie werden gerufen, wenn andere in Lebensgefahr sind oder jemand dingfest gemacht werden soll, von dem ein erhebliches Risiko ausgeht. Und auf der anderen Seite erleben Kolleg*innen einen nächtlichen Einbruch im örtlichen Lebensmittelmarkt schon als außergewöhnlichen Einsatz. Und dazwischen existiert ein Kosmos an Tätigkeiten, Herausforderungen und Gefühlswelten – all das unter der gemeinsamen Überschrift »Polizei«.

Wie wertschätzen? Das Geld?

Wie also soll man den Wert des polizeilichen Handelns in einer solchen, sehr heterogenen Arbeitswelt, in einem so facettenreichen Arbeitsumfeld wie individueller Einflüsse und Wirkungen angemessen wertschätzen? Der kleinste gemeinsame Nenner ist womöglich der Verdienst, das Entgelt, die Besoldung, die Versorgung. Schließlich ist Polizeiarbeit am Ende und heruntergebrochen auf das Wesentliche allerorten hierzulande vergleichbar. Das meinen die Gewerkschaft der Polizei, die politisch Verantwortlichen, die Gesetzgeber jedoch nicht. Ein sehr sperriger Konflikt auf dem Rücken einer ganzen Berufsgruppe.

Für die Polizei zu arbeiten, heißt föderalen Strukturen anzugehören. Vor dem Hintergrund der deutschen Geschichte sowie der Rolle der Polizei im Nationalsozialismus war es eine nachhaltig sehr gute Entscheidung, das Hoheitsrecht über die Polizei auf Länder und Bund aufzuteilen. Die soziale Gerechtigkeit für die einzelnen Beamtin oder des Beamten hat jedoch in den vergangenen Jahren darunter eher gelitten. Noch am 31. August 2006 war die Rahmenkompetenz für das Dienstrecht Sache des Bundes. Verbindliche Leitlinien zur Ausgestaltung des Dienst- und Laufbahnrechts gab das sogenannte Beamtenrechtsrahmengesetz (BRRG) Bund und Ländern vor. Zuständig für die Regelung des

Besoldungs- und Versorgungsrechts war der Bund. Einen Tag später hat die in Kraft getretene Föderalismusreform II diese Bundeskompetenzen abgeschafft und in die Hände der Länder gelegt. Diese haben dann – wenig verwunderlich – von ihren neuen Freiheiten rege Gebrauch gemacht und das Einkommen, besser die Besoldung Ihrer Beamtinnen und Beamten regionalisiert. Das führte zu Schieflagen, wie der jährlich veröffentlichte Besoldungsreport des Deutschen Gewerkschaftsbundes auch für das Jahr 2020 feststellt. Demnach driftet im deutschlandweiten Vergleich die Besoldung immer weiter auseinander. Eine Kriminalkommissarin und ein Polizeihauptmeister verdienen in der Besoldungsgruppe A 9 im Saarland 33.070 Euro jährlich. Ihre bayerischen Kolleginnen und Kollegen erhalten in derselben Besoldungsgruppe 36.850 Euro. Zum Vergleich: Im Bund erreicht man in der Eingangsstufe der betreffenden Gruppe A 9 rund 34.840 Euro.

Was noch? Gute Arbeitsbedingungen!

Die Wertschätzung über den reinen Verdienst ist also kein gemeinsamer Faktor. Dann sollten aber doch wenigstens die Arbeitsbedingungen landauf landab so gut sein, dass die Polizeibeschäftigten, ob operativ oder in den ebenso wichtigen Verwaltungs- und Dienstleistungsstrukturen tätig, das polizeiliche »Backoffice«, gut durch ihr Arbeitsleben kommen. Das Problem des schweren, manchmal zermürbenden Polizeidienstes ist längst unstrittig – auf allen Ebenen. Vor über zehn Jahren erzählte ein erfahrener Polizeiarzt auf einer Veranstaltung der Gewerkschaft der Polizei zum Arbeitsschutz, dass eine der großen Herausforderungen bei der Personalauswahl auch darin bestehe, Menschen zu finden, die 40 Jahre Dienst – oft im Schichtbetrieb – bis zum Ende bei entsprechender Leistungsfähigkeit durchhielten. Trotz aller internen sowie gewerkschaftlichen Bemühungen und tatsächlichen Verbesserungen nimmt jedoch die Zahl der Krankheitstage und Fehlzeiten in der Polizei zu.

Aus der Presse ist zu entnehmen, dass der Krankenstand bei den Polizeien in Deutschland deutlich höher sei als der im Bundesschnitt. Laut dem Institut für Arbeitsmarkt- und Berufsforschung waren dem »Business Insider« zufolge die deutschen Arbeitnehmer*innen im Jahr 2018 im Schnitt an etwa zehn Arbeitstagen krank gemeldet. Bei den Polizeien sollten es je nach Bundesland sogar doppelt bis dreifach so viele sein. Die Redaktion hatte nachgehakt und vermeldete den Krankenstand bei der Polizei Brandenburg für 2019 im Schnitt bei 39 Tagen, was der höchsten Zahl der letzten fünf Jahre entsprochen habe. In Sachsen-Anhalt seien es 33,82 Tage, in Bayern dafür 13,7 gewesen. In Thüringen habe die Krankheitsquote im Jahr 2019 bei 10,56 Prozent gelegen, was bedeute, dass mehr als jeder zehnte Arbeitstag wegen Krankheit weggefallen war. Und bei der Bundespolizei war man im 1. Quartal 2020 auf eine Ausfallquote von 10,3 Prozent gekommen. Rückmeldungen aus unseren Landesbezirken und Bezirken bestätigen derlei Recherchen.

Woran liegt das? Warum wird die Polizei kränker? Der polizeiliche Dienst ist in den vergangenen fast zwei Jahrzehnten risikoreicher, härter und aufwändiger geworden. Die GdP hatte kurz nach der Jahrtausendwende einer selbst in Auftrag gegebenen Studie entnehmen können, dass vor allem sogenannte Routineeinsätze die größten Gefahren bergen. Auf Druck der GdP sind seit 2011 die Opferzahlen unter Polizeibeamtinnen und -beamten angesichts verschiedener Gewaltstraftatbestände Bestandteil der jährlichen Polizeilichen Kriminalstatistik (PKS). Die Zahlen beweisen einen Aufwärtstrend – leider.

Das ist nur ein Grund. Ein zweiter: Die Polizei ist älter geworden. Die Leistungsfähigkeit, Stressresistenz und generelle Widerstandsfähigkeit stagnieren oder nehmen womöglich ab. Der Jahre lang bundesweit nicht aus der Hand gelegte Rotstift in der Personalpolitik zeigt nunmehr die befürchtete Wirkung. Die Polizeibeschäftigten werden öfter und länger krank, dadurch werden gesunde Kolleginnen und Kollegen stärker belastet und anfälliger. Ein Teufelskreis beginnt sich zu schließen. Durchbrochen werden sollte diese Entwicklung durch einen massiven Personalaufwuchs – in den Ländern und im Bund. Tatsächlich hat die Politik gehandelt, es wurden und werden seit ein paar Jahren mehr Bewerberinnen und Bewerber eingestellt. Diese laufen sich in den nächsten Jahren in den Ausbildungsstätten zwar warm, doch die mächtige Pensionswelle der nächsten Jahre bricht bereits. Die Zahl der Ausscheidenden bis 2025 ist mit 50.000 Beschäftigten immens. Damit erscheinen die Bemühungen der Politik zunächst als nur der berühmte Tropfen auf dem heißen Stein. Ein langer Atem ist von beiden Seiten gefordert, jedoch unter verschiedenen Vorzeichen. Während die politischen Entscheider nur an ihrer verbesserten Personalpolitik festhalten müssen, bleiben für die Menschen in der Polizei Überlastungen eher die Regel als eine Ausnahme und über die Maßen beanspruchte Kolleginnen und Kollegen. Dem Dienstherrn gebührt dafür ein Minuswert.

Wider das Entwerten

Niemand in der Polizei kann nach dem ersten Tag des Dienstes, wenn erste Herausforderungen reale Formen angenommen haben, abschätzen, wie es und mit einem weitergehen wird. Ich erinnere nicht mehr exakt, was ich dachte oder jemandem erzählt habe, als die erste Schicht um war. Tatsache ist jedoch, dass ich dabeigeblieben bin und von Tag zu Tag erfahren durfte – und auch heute als Gewerkschafter im Streit für meine Kolleginnen und Kollegen noch erleben darf –, welchen Wert meine Arbeit hat: für mich, mein Umfeld und die Gesellschaft. Ich lebe in einer Demokratie. Der Rechtsstaat erlaubt mir, Gerechtigkeit zu erfahren und ich weiß, dass ich Teil derer bin, der dazu beiträgt, dies auch allen anderen in unserem Land zu garantieren.

Zur Wahrheit gehört jedoch auch, dass der Arbeit meiner Kolleginnen und Kollegen – teils bewusst, teils konsequent – eine Wertspanne zugebilligt wird. Besoldungsungerechtigkeiten hatte ich bereits angesprochen. Weitere, oft deutliche

Unterschiede bei Wochen- und Lebensarbeitszeiten, bei der Versorgung, der Ausstattung, dem Stand der Digitalisierung, dem Zustand von Liegenschaften, Trainingsstätten, der Frequenz von Fortbildungsveranstaltungen, gesicherten freien Wochenenden, der fairen Vergütung von Bereitschaftszeiten oder der Work-Life-Balance führen zu einer differierenden Bewertung ein und derselben Aufgabe, die einer unnötigen Entwertung entspricht. Das gehen wir an, diese Themen besprechen wir mit den politisch Verantwortlichen als Gewerkschaft und den Dienstherrn als Personalräte. Das ist geregelt. Da gibt es Gesetze, Gesetzmäßigkeiten und Mitbestimmung. Das macht eben eine Gewerkschaft.

Menschen als Müll

Deutlich schwieriger ist es, die Entwertung polizeilicher Arbeit aus der Gesellschaft heraus zu kontern. Ich möchte noch einmal meinen niedersächsischen Kollegen Götting zitieren. Er sagt: »Die Gewalterfahrung bei Einsätzen (…) ändert sich gerade. Es geht nicht mehr vorrangig um physische Gewalt, sondern sie begegnet uns in Form von Sprache, Stimme und Handykameras.« So zum Beispiel, als Polizistinnen und Polizisten aus einer als Satire verkleideten und offen publizierten Wortkloake entnehmen mussten, dass sie lediglich Müll seien und entsorgt werden müssten. Verbale, psychische und auch physische Gewalt gegenüber Polizisten*innen, aber auch gegenüber anderen Berufsgruppen, die im Dienst der Gesellschaft stehen, sind längst keine Seltenheit mehr, sondern gehören mittlerweile zu deren Arbeitsalltag. Um auf dieses gesamtgesellschaftliche Problem öffentlich stärker und anhaltend aufmerksam zu machen, haben der Deutsche Gewerkschaftsbund und seine Mitgliedgewerkschaften 2020 eine Initiative für mehr Respekt gestartet.

Es vergeht kein Tag, an dem polizeiliche Arbeit nicht hinterfragt wird. Das ist prinzipiell gut so. Eine transparente, auf dem Boden der Verfassung stehende Polizei, muss und kann das ab. Und oft wird nicht auf die Außenkritik gewartet. Ich kenne die Polizei so, dass sie ihr eigenes Handeln hinterfragt. Warum? Weil sie verinnerlicht hat, dass das ihr verliehene Recht kein Freibrief für zügellose Maßnahmen ist, sondern verantwortungsvoll und verhältnismäßig angewendet werden muss. Bei der Polizei zu sein, heißt in vielen Fällen einen Konfliktberuf auszuüben. Der Konflikt spielt sich dann zwischen dem Staat, verkörpert unter anderem durch die Polizei, und dem Bürger ab. Verfassungen und Gesetze bilden dabei den Rahmen. Wer ihn übertritt oder bricht, ist im Konflikt und unterliegt gegebenenfalls justizieller Aufarbeitung, Bewertung und Konsequenzen. Ganz gleich, ob Bürger*in oder Polizist*in. Dieses Gleichgewicht der Rechte und Pflichten legen interessierte Gruppen bewusst zuungunsten der Polizei aus. Schuld ist schnell verteilt, noch schneller seit es sogenannte soziale Medien ermöglichen, das eigene, meist einseitige Urteil in Windeseile zu fällen und darauf zu hoffen, Gleichgesinnte zu finden, die gemeinsam mit dem Sender den Stab über die Polizei brechen.

Diese Form der Entwertung polizeilicher Arbeit entstammt ursprünglich gesellschaftlichen Randbereichen und politisch Extremen. Das wird es auch weiterhin geben. Damit kann die Polizei umgehen. In dieser Gesellschaft ist jedoch etwas in Gang geraten, dass Grund zur Sorge ist: Unbedachte Äußerungen – analog wie digital, oft aus der Mitte der Gesellschaft heraus, teils ohne die Wirkung bedacht zu haben, die der ins Wasser geworfenen Stein auslöst – verfangen in den Köpfen. Das nutzen bewusst agierende Einpeitscher aus, indem sie auf vorbereiteten Grund Hass und Hetze säen. Es scheint, sie fahren damit immer größere Ernten ein. Der notwendige Widerstand bleibt dagegen oft auf der Strecke. Halten wir unsere Demokratie wirklich für so gefestigt, dass ein Stillhalten ausreicht, dem Unterhöhlen Einhalt zu gebieten? Besser nicht – die Demokratie ist kein Naturgesetz.

Wertschätzung stabilisiert

Der Punkt, an dem einem klar wird, dass man bei der Polizei angekommen ist, ist bei jeder und jedem anders verortet. Womöglich ist die hohe Individualität dieses Berufs, die Vielfalt an Erlebnissen und Erfahrungen oder die nahezu unausweichlichen emotionalen Achterbahnfahrten schon ein Wert an sich? Der Wert dieses Berufes ist weder nach seiner Produktivität, der Zahl der Kundenkontakte, der Kreativität oder dem monetären Wert der dahinterstehenden Organisation zu bemessen. Der Wert, Polizistin oder Polizist in diesem Land zu sein, besteht vor allem darin, tragender Teil eines hervorragenden politischen Systems zu sein. Ein System der Freiheit, der Teilhabe, der Fürsorge, der Chancen und der Sicherheit – für jede und jeden.

Und auch im System Polizei hat die Arbeit einer jeden und eines jeden einen hohen Wert. Man mag womöglich glauben, im Getriebe nur ein kleines Rädchen zu sein. Unsere Kolleginnen und Kolleginnen in der Verwaltung und im Tarifbereich stehen selten so präsent im Rampenlicht wie der Streifendienst oder andere Vollzugskräfte. Aber funktioniert das Backoffice nicht so, wie es sollte, dann wird es um die Polizei draußen deutlich dunkler. Doch der Wert, im Vollzugs- oder Ermittlungsdienst, als Verwaltungsbeamtin oder -beamter oder als Tarifbeschäftigter für die Polizei dieses Landes tätig zu sein, ist nur dann stabil, wenn er in Wertschätzung mündet. Wertschätzung ist keine Einbahnstraße. Wer Wertschätzung erfährt, spiegelt diese wider.

9 Arbeit aufwerten – Anforderungen an gutes Regieren

Reiner Hoffmann, Elke Hannack, Stefan Körzell, Anja Piel

Die Beiträge in diesem Band haben aus Perspektive der DGB Gewerkschaften und der jeweiligen Branchen dargestellt, wie und wo unternehmerisches und politisches Handeln über viele Jahre zur Entwertung von Arbeit und damit zur Abwertung von (Erwerbs-) Biographien geführt haben. Dabei stellt sich die Situation in den Branchen sehr unterschiedlich dar. Der Sozialwissenschaftler Wolfgang Schröder spricht in diesem Zusammenhang von drei Arbeitswelten in Deutschland.[1] Branchen mit einer hohen Tarifbindung und einer ausgeprägten Mitbestimmungskultur im Betrieb und Unternehmen haben sich deutlich widerstandsfähiger gegenüber der Auflösung des Normalarbeitsverhältnisses und der Prekarisierung von Beschäftigungsverhältnissen erwiesen – und damit auch als weniger anfällig für die Entwertung von Arbeit. Die Gestaltungsmacht von Gewerkschaften zur Schaffung von Ordnung auf dem Arbeitsmarkt und Sicherung von Beschäftigung ist dort wesentlich größer. Mit vielfältigen betriebs- und tarifpolitischen Maßnahmen gelingt es ihnen, den Strukturwandel (Transformation) in der Arbeitswelt zu gestalten.

Dort, wo eine stabile Sozialpartnerschaft ihre Ordnungsfunktionen nicht mehr erfüllen kann, ist es Aufgabe der Politik, einer weiteren Segmentierung und Prekarisierung der Arbeit entgegenzuwirken. So war die Einführung des gesetzlichen Mindestlohns in Deutschland die notwendige politische Antwort auf die Erosion der Tarifbindung. Mindestlöhne – effektiv durchgesetzt und wirksam kontrolliert – stellen aber nur eine unterste Haltelinie dar und leisten somit nur einen begrenzten Beitrag zur Aufwertung der Erwerbsarbeit. Damit Mindestlöhne zukünftig vor Armut trotz Arbeit schützen, sollten sie nicht weniger als 60 Prozent des Medianeinkommens betragen, so wie die EU Kommission in ihrem jüngsten Richtlinienvorschlag über Mindestlöhne in Europa vorgeschlagen hat. Für Deutschland würde dies einen Mindestlohn von circa 12 Euro pro Stunde bedeuten.

Auch damit wäre aber noch keine strukturell signifikante Aufwertung von Arbeit erreicht. Sie kann nur über die Erhöhung der Tarifbindung gelingen. Daher ist es zu begrüßen, dass die EU Kommission in ihrem Vorschlag gleichzeitig einen Richtwert von 70 Prozent der Beschäftigten für die sukzessive Anhebung der Tarifbindung in den Mitgliedsstaaten formuliert, die perspektivisch unter den Schutz von Tarifverträgen fallen sollen. Würde diese Zielmarke EU-weit erreicht, so wäre dies ein essentieller Beitrag zur Aufwertung der Arbeit und zur Stärkung eines solidarischen Europas.

Jenseits fairer Löhne und guter Arbeitsbedingungen, für die die Sozialpartner mittels Tarifverträgen einen verfassungsrechtlichen Auftrag haben, gibt es aber noch andere Instrumente, um Arbeit aufzuwerten. Konstitutiv für die soziale Ordnung in Deutschland ist ein handlungsfähiger Sozialstaat mit einer vorausschauenden aktiven Arbeitsmarkt- und Sozialpolitik und wirksamen Mitbestimmungsrechten der Arbeitnehmer*innen. Gerade in Krisenzeiten und in Zeiten weitreichender struktureller Veränderungen muss sichergestellt werden, dass die historisch gewachsene, rechtlich eingebettete soziale Ordnung der Wirtschaft geschützt und zugleich angesichts des rasanten Wandels in der Arbeitswelt weiterentwickelt wird. Das Festhalten am Status quo ante oder an sogenannten Belastungsmoratorien – wie sie von den Arbeitgebern auch jüngst wieder gefordert werden – bedeuten Stillstand und sind nicht geeignet, den durch Dekarbonisierung und Digitalisierung getriebenen Strukturwandel im Sinne guter Arbeit zu gestalten.

Die Corona-Pandemie hat unseren solidarischen Sozialstaat auf eine schwere Belastungsprobe gestellt. Er hat sich weitgehend bewährt. Exemplarisch belegt dies die beschäftigungssichernde Wirkung des Kurzarbeitergelds. Gleichzeitig hat die Mitbestimmung im Betrieb und Unternehmen einen wesentlichen Anteil daran, dass Millionen von Arbeitsplätzen gesichert werden konnten. Mit einer starken Mitbestimmung funktionierte das Krisenmanagement im Interesse der Beschäftigten deutlich besser. Die konsequente Umsetzung des Arbeits- und Gesundheitsschutzes und Vereinbarungen zum mobilen Arbeiten haben zur Eingrenzung des Pandemieverlaufs beigetragen und so die Wirtschaft am Laufen gehalten. In der Krise hat eine stabile Sozialpartnerschaft – da, wo sie funktioniert – ihren Wert erneut unter Beweis gestellt.

Zugleich hat der Stresstest der Corona-Krise aber auch die Defizite und Lücken der sozialen Ordnung offen gelegt. Die Pandemie hat zu einer Zunahme sozialer Ungleichheit geführt, von denen einkommensschwache Beschäftigtengruppen und insbesondere Frauen in besonderer Weise betroffen sind. Diese Defizite abzubauen und zu überwinden und unseren Sozialstaat angesichts des weitreichenden strukturellen Wandels (Transformation) zukunftsfest zu machen, wird die Aufgabe zukünftiger Regierungspolitik und einer funktionierenden Sozialpartnerschaft sein. Wie dies gelingen kann, wird in diesem Beitrag und in anderen Beiträgen in diesem Buch diskutiert.

Der Wert der Mitbestimmung

Als demokratisches Gestaltungsprinzip der sozialen Marktwirtschaft schafft die Mitbestimmung die Grundvoraussetzung dafür, dass Arbeitnehmer*innen zu Bürger*innen im Betrieb und in Verwaltung werden. Sie ist gelebte Demokratie, indem sie Beteiligung am Arbeitsplatz ermöglicht. Sie ist Schutz- und zugleich Gestaltungsinstrument und trägt zu einer höheren Wertschätzung von Arbeit durch gesunde Arbeitsbedingungen und mehr Souveränität der Beschäftigten bei der Arbeitszeitgestaltung bei. Kurzum: sie fördert gute Arbeit. Sie ist zugleich auch Schutz vor unternehmerischer Willkür und stärkt die Würde des Menschen und deren freie Entfaltung im Arbeitsleben. Zahlreiche Umfragen zeigen, dass die Mitbestimmung in der Bevölkerung sehr wertgeschätzt wird und über eine hohe Akzeptanz verfügt.

Aber auch aus unternehmerischer Sicht macht es Sinn, wenn Beschäftigte über ihre Mitbestimmungsgremien an wichtigen Entscheidungen beteiligt werden. Studien bestätigen, dass mitbestimmte Unternehmen ökonomisch erfolgreicher sind,[2] nachhaltiger wirtschaften und besser durch Krisen kommen. Sie bieten somit ein höheres Maß an Arbeitsplatzsicherheit. Mitbestimmte Unternehmen verfolgen häufiger ein innovationsorientiertes Geschäftsmodell. Sie investieren mehr in Forschung und Entwicklung und in Aus- und Weiterbildung. Zudem tun sie mehr für Gleichstellung und Vereinbarkeit von Beruf und Familie – und gewinnen dadurch an Attraktivität als Arbeitgeber. Auffallend ist zudem, dass mitbestimmte Unternehmen einen höheren Anteil von Frauen in den Aufsichtsräten haben.[3]

Mitbestimmung ist also ein werthaltiger Produktivitätsfaktor – für Beschäftigte und für Unternehmen. Indem sie die demokratische Beteiligung der Beschäftigten im Wirtschaftsleben sichert, gehört sie »zu den Kernelementen unserer Kooperations- und Konsenskultur“[4] in Deutschland – so der ehemalige Bundespräsident Joachim Gauck auf dem Festakt »40 Jahre Mitbestimmungsgesetz« im Mai 2016. Es ist konstitutives Merkmal der so von Gauck umrissenen Sozialordnung, dass Betriebsrät*innen und Arbeitnehmervertreter*innen in den Aufsichtsräten ein Gegengewicht zu lediglich kurzfristigen und an Gewinnmaximierung fixierten Investoreninteressen bilden. Es sind gerade ihre fundierten Kenntnisse der Situation in den Unternehmen und ihre kritische Grundhaltung, durch die die Arbeitnehmervertreter*innen im Aufsichtsrat auch die Überwachung von Compliance- und Risikomanagement-Systemen stärken. Arbeitnehmer*innen in den Aufsichtsräten haben ein substantielles Interesse an langfristigen und nachhaltigen Unternehmensstrategien.

Aus all den genannten Gründen trägt die Mitbestimmung auf Unternehmens- und betrieblicher Ebene gerade in Zeiten fortschreitender Globalisierung und des Übergangs in eine klimaneutrale und digitale Wirtschaft ganz wesentlich zur Beschäftigungssicherung, zum sozialen Ausgleich und damit auch zur Stärkung unserer sozialen Demokratie bei. Zugleich gilt, dass die Bekämpfung des Klimawandels und die Gestaltung einer sozial gerechten Transformation gemeinsam mit den Beschäftigten besser gelingen werden.

Die Reform der Betriebsverfassung ist überfällig

Um nachhaltige Lösungen für die vielfältigen Umbrüche unserer Wirtschafts- und Arbeitswelt zu finden, braucht es einen ausgewogenen Blick auf die Herausforderungen, vor denen Unternehmen und Beschäftigte stehen. Für nachhaltige Unternehmensstrategien reicht es nicht aus, wenn die Arbeitgeber*innen einseitig ihre Interessen an häufig kurzfristigen Zielen durchsetzen können. Betriebs- und Personalräte müssen in Zeiten rasanten Wandels über wirksame Möglichkeiten verfügen, die langfristigen Interessen der Beschäftigten zu vertreten.

Exemplarisch zeigt sich dies bei der betrieblichen Weiterbildung, deren Bedeutung im Zuge des Umbaus der Wirtschaft künftig noch zunehmen wird. Es wird immer wichtiger, dass Weiterbildungsmaßnahmen passgenau für die Beschäftigten zugeschnitten werden. Betriebsrät*innen, aber auch Personalrät*innen in den öffentlichen Verwaltungen kennen die Qualifikationsbedarfe und Notwendigkeiten zur Weiterbildung. In Anbetracht der gewaltigen Umstrukturierungsprozesse brauchen sie verbindliche Initiativ- und Mitbestimmungsrecht bei der Einführung und Ausgestaltung von Maßnahmen zur betrieblichen Weiterbildung. Vor allem geringer qualifizierte Beschäftigte brauchen Weiterbildungsangebote, um ihre Beschäftigungsfähigkeit und den Wert ihrer Arbeit zu verbessern.

Die Erfahrung, nicht aktiv mitgestalten zu können, sondern fremdbestimmten Umstrukturierungsprozessen ausgeliefert zu sein, erzeugt bei den Betroffenen Gefühle der Ohnmacht und Perspektivlosigkeit. Der rasante Wandel von Wirtschaft und Arbeitswelt wird mehr und mehr als permanente Bedrohung des eigenen Arbeitsplatzes wahrgenommen. Eine Stärkung der Mitbestimmungsrechte und Beteiligungsmöglichkeiten der Beschäftigten, die Sicherheiten bietet, stärkt im Übrigen die Widerstandsfähigkeit gegenüber populistischen Scheinlösungen und vermeintlich einfachen Antworten, die sich zunehmend auch in den Betrieben breit machen.

Ohnmacht und Verunsicherung zu begegnen heißt auch, die Zahl der Betriebe mit betrieblichen Interessenvertretungen deutlich zu erhöhen. Die Realität sieht leider anders aus. Die Zahl der Unternehmen mit Betriebsräten ist in den letzten Jahren deutlich zurückgegangen. Immer mehr Arbeitgeber machen sich einen regelrechten »Volkssport« daraus, Betriebsratsarbeit zu behindern oder Betriebsratswahlen zu verhindern. Zahlreiche Anwaltskanzleien werben offensiv damit, Betriebe zu »betriebsratsfreien Zonen« zu machen. Jede sechste Erstwahl eines Betriebsrates wird mit illegalen Mitteln be- oder verhindert.[5] In den Betrieben, wo dies der Fall ist, wird ein demokratisches Grundrecht – das Recht auf freie Wahlen – schlichtweg verweigert. Der eigentliche Skandal liegt darin, dass entsprechende Praktiken des Arbeitgebers so gut wie nie sanktioniert werden. An diesem Missstand ändern auch die zaghaften Verbesserungen nicht viel, die vom Bundestag mit dem Betriebsrätemodernisierungsgesetz am 21. Mai 2021 beschlossen worden sind. Ein wirkungsvoller Kündigungsschutz für die sogenannten Vorfeld-Initiator*innen von Betriebsratswahlen wird nicht gelingen, solange den Arbeitgeber*innen die Möglichkeit einer außerordentlichen Kündigung von ihnen missliebigen Personen weiterhin offensteht.[6]

Auch wenn das Betriebsrätemodernisierungsgesetz im Grundsatz zu begrüßen ist, so reicht es bei Weitem nicht aus, die aktuellen Herausforderungen der Transformation im Interesse der Beschäftigten zu gestalten. Sie und ihre Interessenvertretungen müssen die Möglichkeit erhalten, aktiv am Umbau zu einer klimaneutralen Wirtschaft mitzuwirken, indem sie ein Initiativ- und Mitbestimmungsrecht in allen Fragen des Umwelt- und Klimaschutzes erhalten. Das Erfordernis einer Stärkung der Mitbestimmung in der digitalen Arbeitswelt, beispielsweise in Fragen mobiler Arbeit oder des Einsatzes von künstlicher Intelligenz, ist ebenso evident wie die Notwendigkeit eines digitalen Zugangsrechts der Gewerkschaften. Aber auch vermeintlich altbekannte Problemlagen harren nach wie vor einer Lösung. Dazu gehören Themen wie Outsourcing ebenso wie Werk- und Dienstverträge, die nicht einseitig über die Köpfe der Beschäftigten entschieden werden dürfen. Die Gründe für eine umfassende Reform der Betriebsverfassung, aber auch der Personalvertretungsgesetze der Länder und des Bundes sind zahlreich. Die neue Bundesregierung werden wir daran messen, dass diese Reformen beherzt und zügig angegangen werden.

Die Unternehmensmitbestimmung muss aufgewertet werden

Der mitbestimmungspolitische Stillstand muss nicht nur bei der Interessenvertretung in Betrieben und Verwaltungen überwunden werden, sondern auch in der Unternehmensmitbestimmung. Durch die Mitwirkung von Arbeitnehmervertreterinnen und -vertretern im Aufsichtsrat ist die Unternehmensmitbestimmung ein zentraler Pfeiler gelebter Demokratie in der sozialen Marktwirtschaft – und damit ein weiterer Grundbaustein für die Anerkennung des Werts von Arbeit. Damit sie weiterhin Wirksamkeit entfalten kann, muss die schleichende Erosion der Unternehmensmitbestimmung endlich gestoppt werden. Dies bedeutet, dass die Schlupflöcher zur Vermeidung der Mitbestimmung rasch geschlossen werden, die sich unter anderem durch Europäisches Gesellschaftsrecht ergeben. Mittlerweile entziehen sich mindestens 307 Unternehmen mit insgesamt mindestens 2,1 Millionen Beschäftigten der paritätischen Mitbestimmung im Aufsichtsrat oder ignorieren gesetzeswidrig ihre Anwendung.[7] Die Große Koalition hat es fast schon fahrlässig versäumt, die Lücken im deutschen und europäischen Mitbestimmungsrecht zu schließen, damit Unternehmen sich nicht länger durch juristische Tricks der Kontrolle durch Arbeitnehmervertreter*innen im Aufsichtsrat und damit ihrer sozialen Verantwortung entziehen können.

Im Rahmen ihrer gemeinsamen »Offensive Mitbestimmung« zeigen der DGB und seine Mitgliedsgewerkschaften seit Jahren auf, welche Maßnahmen dafür erforderlich sind. Ein zentraler Ansatzpunkt liegt darin, die geltenden Mitbestimmungsgesetze auf Unternehmen ausländischer Rechtsform mit Verwaltungssitz in Deutschland zu erstrecken. Weiterhin ist gesetzlich klarzustellen, dass die Mitbestimmung in einer Europäischen Aktiengesellschaft (SE) neu verhandelt werden muss, wenn die Zahl der Beschäftigten in Deutschland über die Schwellenwerte der deutschen Mitbestimmungsgesetze steigt.[8] Letztlich führt aber kein Weg daran vorbei, auf europäischer Ebene einen Mitbestimmungs-Standard für Unternehmen festzulegen. Um dies zu erreichen, setzt sich der DGB bei der deutschen Bundesregierung und den Europäischen Institutionen dafür ein, die auch vom Europäischen Gewerkschaftsbund (EGB) geforderte Europäische Rahmenrichtlinie zur Unterrichtung, Anhörung und Unternehmensmitbestimmung zu unterstützen.[9]

Wie sich bei genauerem Hinsehen zeigt, brauchen sich manche Unternehmen noch nicht einmal die Mühe zu machen, die Unternehmensmitbestimmung durch juristische Winkelzüge zu vermeiden. Stattdessen verweigern sie schlichtweg ihre Anwendung, obwohl diese gesetzlich vorgesehen ist. Juristische Konsequenzen müssen sie nicht fürchten, da es gegen derartige Rechtsverstöße bislang keine wirksamen Sanktionen gibt. Welches Gefahrenpotential darin liegt, hat der Bundesrat schon in einer Entschließung aus dem Jahr 2017 deutlich gemacht. Dort äußerte er seine Besorgnis, »dass sich junge, wachsende Kapitalgesellschaften zunehmend dem Geltungsbereich der Gesetze zur Unternehmensmitbestimmung entziehen« und damit »den gesellschaftlichen Konsens und die Zukunft der Sozialpartnerschaft in Deutschland infrage«[10] stellen. Auch hier muss also entschieden gegengesteuert werden – etwa indem diese Unternehmen künftig mit einem Verbot der Börsenzulassung sanktioniert werden.[11]

Für einen sozial-ökologischen Umbau der Wirtschaft genügt es aber nicht, nur die Schlupflöcher im Mitbestimmungsrecht zu schließen. Zusätzlich ist eine Absenkung der Schwellenwerte in den Gesetzen zur Unternehmensmitbestimmung überfällig, um ihre Reichweite insgesamt zu erhöhen – und zwar auf 1.000 Beschäftigte im Mitbestimmungsgesetz sowie auf 250 Beschäftigte im Drittelbeteiligungsgesetz. Weiterhin ist es an der Zeit, das im Mitbestimmungsgesetz von 1976 verankerte Doppelstimmrecht des Aufsichtsratsvorsitzenden endlich durch ein modernes, demokratisches Verfahren zu ersetzen. Es ist völlig überholt, dass in einem paritätisch besetzten Aufsichtsrat im Fall eines Stimmenpatts letztlich immer die*der Aufsichtsratsvorsitzende entscheidet, die*der stets ein*e Vertreter*in der Kapitalseite ist. Aus gutem Grund hat die IG BCE deshalb öffentlich Stellung bezogen gegen die jüngsten Geschehnisse bei Continental: Es kann einfach nicht angehen, dass der Aufsichtsratsvorsitzende die Streichung von 30.000 Arbeitsplätzen und die Schließung ganzer Standorte mit seiner Doppelstimme durchsetzt, und dies, ohne dass zuvor Alternativen abgewogen werden konnten.[12] Die gleiche Sprache wie dieses aktuelle Fallbeispiel sprechen aber auch die Ergebnisse einer Umfrage der Hans-Böckler-Stiftung. Die große Mehrheit der dort befragten Arbeitnehmervertreter*innen im Aufsichtsrat bekräftigt, dass das Doppelstimmrecht die Gestaltungsmöglichkeiten der Mitbestimmung negativ beeinflusst.[13]

All dies macht deutlich, warum der DGB für eine stärkere Orientierung des Mitbestimmungsgesetzes an der Montanmitbestimmung eintritt, die bereits seit 70 Jahren Elemente einer zukunftsfähigen Unternehmensführung enthält. Die Montanmitbestimmung steht nicht nur für die erfolgreiche und sozialverträgliche Bewältigung des Strukturwandels an Rhein und Ruhr. Vor allem steht sie für die Gleichberechtigung von Arbeit und Kapital, denn bei einem Stimmenpatt im Aufsichtsrat entscheidet eine neutrale Person, auf die sich beide Seiten vorher geeinigt haben. Vieles spricht dafür, dieses konsensorientierte Schlichtungsmodell auf alle paritätisch mitbestimmten Aufsichtsräte zu übertragen, zumindest dann, wenn es um Maßnahmen der strategischen Ausrichtung des Unternehmens mit Bezug auf die Arbeitnehmer*innen geht, darunter Werks- und Betriebsschließungen, Sitzverlagerungen ins Ausland, Rechtsformänderungen, Unternehmensverschmelzungen, Standortverlagerungen, Unternehmenszukäufe und -verkäufe sowie Massenentlassungen.

Unverändert gilt, was der damalige Bundestagspräsident Norbert Lammert im Jahr 2016 anlässlich des Festaktes zum 125-jährigen Bestehen der IG Metall »den Gewerkschaften wie den Gesetzgebern« als Empfehlung mitgegeben hat: Sie sollten darüber nachdenken, so Lammert in seiner Rede, »ob es wirklich der Weisheit allerletzter Schluss ist, dass mit dem Auslaufen des Bergbaus und dem Rückgang der Stahlindustrie dieses Mitbestimmungsmodell in die Geschichtsbücher wandert.«[14] Diese Orientierung am Vorbild der Montanmitbestimmung ist in der mitbestimmungspolitischen Debatte der vergangenen Jahre ins Hintertreffen geraten. Es ist an der Zeit, das zu ändern. Nirgendwo zeigt sich deutlicher, wie konstitutiv die gesetzliche Mitbestimmung für die soziale Demokratie ist, als am Erfolgsmodell der Montanmitbestimmung. Indem wir uns darauf zurückbesinnen, legen wir die Grundlagen für eine starke Mitbestimmung. Und nur eine starke Mitbestimmung ermöglicht eine sozial, ökologisch und ökonomisch ebenso erfolgreiche wie nachhaltige Unternehmenspolitik. Sie ist ein Garant für die Achtung des Wertes der Arbeit.

Arbeit aufwerten – Tarifbindung stärken

Um Arbeit wirklich flächendeckend, effektiv und nachhaltig aufzuwerten, braucht es neben der Stärkung der Mitbestimmungsrechte der Beschäftigten vor allem eine Stärkung des Tarifvertragssystems. Tarifverträge regeln die Wirtschafts- und Arbeitsbedingungen in den Betrieben und sind Maßstab für faire und transparente Arbeits- und Entgeltbedingungen sowie fairen Wettbewerb. Tarifverträge sind konstituierendes Element der Ordnung am deutschen Arbeitsmarkt und ein Grundpfeiler der Sozialen Marktwirtschaft. Historisch gewachsen erfüllen sie eine Vielzahl von ordnungspolitischen Funktionen, die allesamt zur Aufwertung von Arbeit und einer angemessenen Würdigung ihres Wertes beitragen.

Abhängig Beschäftigte werden durch Tarifverträge vor dem Machtungleichgewicht auf dem Arbeitsmarkt geschützt und gewinnen eine Sicherheit, mit der sich planen und leben lässt. Ohne diese Sicherheit sind sie den Kräften des Marktes ausgeliefert. Auch partizipieren Beschäftigte mit Tarifverträgen stärker an der allgemeinen wirtschaftlichen Entwicklung und am steigenden Wohlstand. Das ist nicht nur graue Theorie, sondern tarifpolitische Realität. Während der Corona-Pandemie konnten die Tariflöhne dem Krisendruck und der ansonsten schlechten durchschnittlichen Lohnentwicklung trotzen. Es zeigte sich unter anderem, dass Betriebe mit Tarifverträgen das Kurzarbeitergeld häufiger aufgestockt haben als Betriebe ohne. Und auch außerhalb von Krisenzeiten haben tarifgebundene Beschäftigte viele Vorteile: 2019 erhielten in der Privatwirtschaft beispielsweise 71 Prozent der Beschäftigten mit Tarifvertrag Urlaubsgeld, ohne Tarif hingegen waren es nur 34 Prozent. Beschäftigte mit Tarifvertrag erhielten fast doppelt so häufig Weihnachtsgeld. Vollzeitbeschäftigte in tariflosen Betrieben arbeiten durchschnittlich wöchentlich 54 Minuten länger.

Fazit: Tarifverträge verbessern täglich spürbar die Lebensbedingungen vieler Millionen Menschen.

Ebenso verbessern Tarifverträge die Stellung von auf dem Arbeitsmarkt nach wie vor strukturell schlechter gestellten Personengruppen wie Frauen oder Migrantinnen und Migranten. Der Bruttostundenlohn von Frauen, die in tarifgebundenen Betrieben arbeiten, ist durchschnittlich fast 25 Prozent höher als der von Frauen, die nicht unter eine Tarifregelung fallen – bei Männern liegt der Unterschied bei ca. 20 Prozent. Wo Tarifverträge gelten, schrumpft also die Entgeltlücke zwischen Männern und Frauen. Tarifverträge tragen dazu bei, Diskriminierungen und Ungleichbehandlungen abzubauen.

Doch auch Arbeitgeber*innen haben viele Vorteile durch Tarifverträge. Zum einen, weil diese in den Unternehmen zu einem gesunden und guten Betriebsklima und damit zu einer höheren Produktivität führen. Zum anderen sorgen vor allem Flächentarifverträge, die für ganze Branchen gelten, für einen fairen Wettbewerb mit gleichen Bedingungen für alle Unternehmen. Der Fokus liegt damit stärker auf einem Qualitäts- und Innovationswettbewerb. Lohn-Dumping wird verhindert, was den Beschäftigten, der Qualität der Produkte und somit auch dem*r Endverbraucher*in zugute kommt. Erlangen Beschäftigte Planungssicherheit im privaten Bereich, so können Unternehmen langfristig kalkulieren und erhalten selbst Planungssicherheit. Wenn ein unfairer Wettbewerb über Lohndumping ausgeschlossen ist, werden vor allem effizient arbeitende Unternehmen mit hoher Produktivität belohnt – der Flächentarifvertrag wirkt als »Produktivitätspeitsche« und kann das Produktivitätsniveau der Volkswirtschaft insgesamt stabilisieren. Angesichts zum Teil stagnierender Produktivitätsentwicklungen in entwickelten Ökonomien ist das ein gesamtwirtschaftlicher Vorteil, der eine viel stärkere Beachtung verdient hätte.

Schließlich profitiert auch der Staat finanziell von einem guten, weitreichenden und stabilen Tarifsystem: Wenn überall gute Tariflöhne gezahlt werden, spart der Staat Transferzahlungen – die sonst etwa durch notwendige Aufstockung von Niedriglöhnen mit

Sozialleistungen entstehen – und nimmt mehr an Einkommenssteuern und Sozialbeiträgen ein. Schätzungen des DGB zu Folge könnte der Staat Mehreinnahmen von jährlich rund 40 Milliarden Euro generieren, wenn tatsächlich alle Unternehmen Tariflöhne zahlen würden.

Trotz all dieser Vorzüge ist es längst nicht so, dass alle Unternehmen in Deutschland ihre Beschäftigten auf Grundlage von Entgelttarifverträgen bezahlen. Im Gegenteil: Der Anteil der tarifgebundenen Unternehmen ist in den vergangenen Jahrzehnten auf mittlerweile nur noch 27 Prozent gesunken. Nur noch 45 Prozent der Arbeitnehmerinnen und Arbeitnehmer im Osten und 53 Prozent im Westen arbeiten in tarifgebundenen Betrieben. Seit der Jahrtausendwende ist der Anteil der Beschäftigten, die unter Tarifvertragsbedingungen arbeiten, um rund 16 Prozentpunkte zurückgegangen. Das Ungleichgewicht zwischen Ost- und Westdeutschland schwächt die Verhandlungsposition der Beschäftigten in den neuen Bundesländern und bremst die Lohnangleichung unnötig. Denn in den Bereichen, in denen Tarifverträge gelten, wurde die Lohnlücke zwischen Ost und West massiv reduziert. Auch zwischen den Branchen gibt es teils große Unterschiede. Im Handwerk werden insgesamt nur noch 30 Prozent der Beschäftigten von einem Tarifvertrag erfasst – auch hier Tendenz sinkend.

Der Rückgang der Tarifbindung lässt sich keinesfalls nur mit dem Bedeutungszuwachs neuer Branchen und dem Strukturwandel erklären. Zum Teil wird die Rolle von Tarifverträgen auch von Arbeitgeberseite unterminiert. Beispielsweise haben Arbeitgeberverbände sogenannte OT-Mitgliedschaften eingeführt, also Mitgliedschaften »ohne Tarifbindung«. Mitglieder erhalten dann Beratung, Rechtsschutz oder ähnliche Vorteile, sind aber nicht an Tarifverträge gebunden. Solche OT-Mitgliedschaften schwächen letztendlich die Arbeitgeberverbände selbst als Verhandlungspartner*innen, aber eben auch das gesamte Tarifvertragssystem. Hinzu kommt, dass, wenn in tarifgebundenen Unternehmen umstrukturiert wird und Teile der Belegschaft ausgelagert werden, oft auch die abgeschlossenen Tarifverträge infrage gestellt werden. Auf diesem Wege versucht der jeweilige Arbeitgeber, Tarifflucht zu begehen. Es entbehrt jeglicher Verhaltenslogik, wenn sich die Arbeitgeber*innen einerseits über staatliche Eingriffe durch den Mindestlohn oder die Mindestausbildungsvergütung beschweren und andererseits Tarifflucht betreiben. Gute Politik – und hier ist die nächste Bundesregierung besonders gefragt – muss solchen Praktiken einen rechtlichen Riegel vorschieben.

Das deutsche Tarifsystem ist ein wertvolles öffentliches Gut. Sollte die Abdeckung mit Tarifverträgen weiter erodieren, so wären dadurch eine tragende Säule unserer Sozial- und Wirtschaftsordnung, der soziale Frieden sowie der gesellschaftliche Zusammenhalt in Deutschland gefährdet. Um gute Arbeit und fairen Wettbewerb zu fördern, muss der Staat aktiv zu einer Stärkung der Tarifbindung beitragen. Dem Gesetzgeber und der öffentlichen Hand stehen dafür viele Wege offen: So muss die Zulässigkeit von OT-Mitgliedschaften in Arbeitgeberverbänden deutlich eingeschränkt werden – etwa um Blitzwechsel von Arbeitgeber*innen in eine OT-Mitgliedschaft während einer Tarifauseinandersetzung zu verhindern. Dazu gehört die gesetzliche Offenlegungspflicht der Arbeitgeber bezüglich einer Mitgliedschaft in einem Arbeitgeberverband mit oder ohne Tarifbindung. Um Tarifflucht einzudämmen, müssen im Falle einer Aufspaltung, Abspaltung oder sonstigen Änderung im Rahmen des Umwandlungsrechtes oder eines Betriebsüberganges Tarifverträge kollektiv fortgelten. Umgehungsmöglichkeiten müssen politisch wirksam unterbunden werden. Werden Teile eines Tarifvertrages neu formuliert, sollte es Arbeitgeber*innen deutlich erschwert werden, dies zum Anlass für Tarifflucht zu nehmen. Gibt es beispielsweise nur redaktionelle und klarstellende Änderungen, sollte die Nachbindung eines Tarifvertrages trotz Verbandsflucht des jeweiligen Unternehmens erhalten bleiben. Wenn nur Teile des Tarifvertrages geändert werden, die nicht geänderten Teile allein aber noch sinnvoll erhalten bleiben können, sollte die Nachbindung des Tarifvertrags bezüglich des nicht geänderten Teils ebenfalls erhalten bleiben.

Läuft ein Tarifvertrag aus oder wird er gekündigt, ohne dass er von einer neuen Regelung abgelöst wird, gelten die Regeln des Vertrags für die bisherigen Beschäftigten trotzdem weiter, wenn sie zum Zeitpunkt der Kündigung Gewerkschaftsmitglied waren (sog. Nachwirkung). Damit die Nachwirkung auch für Beschäftigte gilt, die zwar Gewerkschaftsmitglied sind, aber erst eingestellt wurden, nachdem der Tarifvertrag endete, braucht es eine gesetzliche Regelung. Das gilt ebenso für bereits Beschäftigte, die erst nach Ende des Tarifvertrages in eine Gewerkschaft eintreten. Es darf keine Beschäftigten erster und zweiter Klasse in den Betrieben und Verwaltungen geben.

Auch sollte der Gesetzgeber es erleichtern, Tarifverträge für allgemeinverbindlich, also für alle Unternehmen einer Branche verbindlich erklären zu können. Die hier in der Vergangenheit erreichten Verbesserungen genügen nicht. So müssen de jure zwar nicht mehr mindestens 50 Prozent der Beschäftigten einer Branche unter einen Tarifvertrag fallen, damit dieser für allgemeinverbindlich erklärt werden kann. De facto wird das Kriterium, dass ein Tarifvertrag »überwiegende Bedeutung« haben muss, um ihn im Rahmen des öffentlichen Interesses für allgemeinverbindlich erklären zu können, aber nach wie vor ähnlich interpretiert. Das entspricht nicht der Intention des 2014 in Kraft getretenen Tarifautonomiestärkungsgesetzes. Das öffentliche Interesse muss auch dann gegeben sein, wenn die Allgemeinverbindlicherklärung (AVE) für Ziele wie die Stabilisierung der Funktion der Tarifautonomie und des Tarifvertragssystems, die Erreichung angemessener Entgelt- und Arbeitsbedingungen oder als Mittel zur Sicherung sozialer Standards und zur Verhinderung von Wettbewerbsverzerrungen geeignet ist. Neben verschiedenen anderen Reformen im Bereich der AVE sollte außerdem die Veto-Möglichkeit der Arbeitgeber*innen im »Tarifausschuss« – dem für die AVE zuständigen

Entscheidungsgremium – abgeschafft werden. Der Abstimmungsmodus muss deshalb so verändert werden, dass im Tarifausschuss ein Antrag, der gemeinsam von den zuständigen Tarifvertragsparteien aus der betroffenen Branche eingebracht wird, dort nur mit Mehrheit abgelehnt werden kann.

Neben einer Verbesserung rechtlicher Regeln des Tarifsystems hat der Staat noch weitere Möglichkeiten zur Stärkung der Tarifbindung: Ein starker Anreiz zu mehr Tarifbindung kann durch die öffentliche Auftragsvergabe geschaffen werden: Bund, Länder und Kommunen sind wichtige Kunden für private Unternehmen. Auf bis zu 500 Milliarden Euro wird das Auftragsvolumen geschätzt, das die öffentliche Hand jedes Jahr für den Einkauf von Gütern und Dienstleistungen ausgibt. Der Staat muss seine enorme Nachfragemacht künftig besser nutzen. Nur Unternehmen, die Tarifverträge anwenden, sollten künftig öffentliche Aufträge bekommen. Einige Bundesländer haben bereits Regelungen zur Tariftreue. Sie unterscheiden sich jedoch in ihrer Reichweite und Verbindlichkeit erheblich und gelten meist für den öffentlichen Nahverkehr, der europarechtlich eine Sonderrolle einnimmt. Bremen, Saarland und Hamburg diskutieren verschiedene branchenübergreifende Modelle einer Tariftreueregelung. Dagegen haben mit Thüringen und Berlin bereits zwei Länder eine umfassende und branchenübergreifende Regelung. So heißt es seit vergangenem Jahr im Berliner Vergabegesetz: »Öffentliche Aufträge werden an Auftragnehmer nur vergeben, wenn diese sich bei der Angebotsabgabe verpflichten, (...) ihren Arbeitnehmerinnen und Arbeitnehmern (...) mindestens die Entlohnung (einschließlich der Überstundensätze) nach den Regelungen des Tarifvertrags zu gewähren, der im Land Berlin auf das entsprechende Gewerbe anwendbar ist.« Regeln wie diese sollten Vorbild sein für andere Länder, aber auch für den Bund. Es braucht endlich ein Gesetz, dass eine Tariftreueregelung auch auf Bundesebene verbindlich festschreibt. Das Bundesarbeitsministerium und das Bundesfinanzministerium haben Anfang 2021 entsprechende Pläne vorgelegt. Die nächste Bundesregierung ist aufgefordert daran anzuknüpfen, damit bundesweit kein Staatsauftrag mehr an Lohndrücker geht.

Die Tarifbindung im Handwerk kann dadurch gefördert werden, dass Innungen ggf. der Status als öffentlich-rechtliche Körperschaft aberkannt wird. So werden Innungen in die Pflicht genommen, ihrer Aufgabe als Tarifverband nachzukommen.

Und schließlich würde es sich indirekt positiv auf die Tarifbindung auswirken, wenn eine individuelle Mitgliedschaft in einer Gewerkschaft endlich auch steuerlich angemessen berücksichtigt würde. Gewerkschaftsmitglieder sollten künftig die Möglichkeit haben, ihren Gewerkschaftsbeitrag zusätzlich zum Arbeitnehmer-Pauschbetrag steuerlich geltend zu machen. Auch Gewerkschaftsmitglieder, deren Einkommen so gering ist, dass kein Lohnsteuerabzug ausgelöst wird, sollten entlastet werden.

Jenseits des Gender Pay Gap – Arbeit von Frauen aufwerten

Wenn es darum geht, den Wert von Arbeit angemessen zu würdigen so spielt dabei das Thema Geschlechtergerechtigkeit eine immens wichtige Rolle. Besonders viele Arbeitsplätze von Frauen sind weder tarifvertraglich geschützt noch mitbestimmt. Dies schlägt sich in einer im Vergleich zu männlichen Beschäftigten deutlich geringeren Bezahlung aus. Dieser sogenannte »Gender Pay Gap«[15] liegt in Deutschland aktuell bei 18 Prozent[16]. Deutschland hat damit die zweithöchste Entgeltlücke in der EU. Hochgerechnet auf zehn Jahre bedeutet dies für weibliche Beschäftigte ein Netto-Einkommensdefizit von rund 41.000 Euro – ein Zustand, der überwunden werden muss, wenn Geschlechtergerechtigkeit hergestellt werden soll. Jenseits des Gender Pay Gap – dafür bedarf es einer Aufwertung weiblicher Erwerbs- und Umverteilung unbezahlter Sorgearbeit. Wo hierfür mögliche Handlungsansätze liegen, wurde in verschiedenen Beiträgen zu dem vorliegenden Band bereits angesprochen.

Die Entstehungsursachen des Gender Pay Gap liegen vor allem in der horizontalen und vertikalen Segregation des Arbeitsmarktes. Die horizontale Segregation des Arbeitsmarktes meint die ungleiche Verteilung von Frauen und Männern auf Berufe und Branchen. Von »frauendominierten« Berufsfeldern wird ab einem Frauenanteil von 70 Prozent gesprochen, zu denen unter anderem Pflege, Erziehungs- und Betreuungsleistungen, Verkauf und Einzelhandel, Hotel-, Gastronomie- und Tourismusbranche sowie das Reinigungsgewerbe gehören.

Frauendominierte Tätigkeiten aufwerten

Was diese Branchen neben einem hohen Frauenanteil verbindet, sind geringere Löhne, geringe Aufstiegschancen und weit verbreitete Teilzeit und Beschäftigung im Minijob. In der Corona-Pandemie kam für viele frauendominierte Tätigkeiten eine neue Begrifflichkeit dazu: »Systemrelevant!«[17] In der Bezahlung von zahlreichen Frauen, die in Krankenhäusern, Pflegeeinrichtungen, Kitas und Schulen, im Einzelhandel oder Reinigungsgewerbe arbeiten, spiegelt sich deren Systemrelevanz jedoch nicht wider.

Hinzu kommt, dass gegenwärtig die Bezahlung nicht den tatsächlichen Anforderungen in vielen frauendominierten Berufen entspricht. Die Ergebnisse der Repräsentativumfrage des DGB-Index Gute Arbeit[18] zeigen für diese Tätigkeitsbereiche, dass deren Beschäftigte vor mannigfaltigen Herausforderungen stehen: Schichtdienst, familienunfreundliche Arbeitszeiten und hohe Teilzeitquoten prägen den Arbeitsalltag. Die geringe Wertschätzung spiegelt sich bereits in der Ausbildung wider: Durch die vollschulische Ausbildung erfahren zum Beispiel Erzieherinnen im Vergleich zu jungen Leuten in der dualen Ausbildungen vom ersten Tag an Nachteile, aufgrund fehlender Vergütung, mangelnder Absicherung und begrenzter Übernahmemöglichkeiten in den Ausbildungsbetrieb. In der Bewertung der Tätigkeiten wird zudem über das Maß an psychischer Belastung hinweggesehen. Konflikte mit Kund*innen oder Patient*innen, Arbeitshetze und Zeitdruck oder Qualitätsabstriche aufgrund der hohen Arbeitsmenge sind nur ein Bruchteil der psychischen Herausforderungen. Personalmangel oder ungenügende Personalbemessung erhöhen den Druck. Daneben sind Beschäftigte mit physischen Herausforderungen wie ungünstiger Körperhaltung, körperlich schwerer Arbeit oder Lärm konfrontiert. Diese Doppelbelastung führt zu Krankheitsausfällen, die aufgrund dünner Personaldecken die Arbeitsbelastungen der einzelnen Arbeitskraft noch erhöht. Die Auswertung des DGB-Index Gute Arbeit von 2016–2019 zeigt, dass die Mehrheit der Beschäftigten in Reinigungs-, Verkaufs-, Pflege- und Erziehungs- und Sozialberufen ihr Einkommen als »nicht« oder »gerade« ausreichend bewerten, bei gleichzeitig unsozialen Arbeitszeiten, Zeitdruck und körperlich schwerer Arbeit.[19]

Die Geringschätzung weiblicher Berufsfelder resultiert auch aus etablierten, an männlicher Industriearbeit orientierten Entlohnungssystemen. Eine Alternative dazu stellt der »Comparable Worth Index« dar. Als statistisches Messinstrument vergleicht er geschlechtsneutral die Anforderungen in verschiedenen Berufen. Die genannten physischen und psychischen Belastungen werden in dieser Bewertung einbezogen. Mit einem Punktesystem soll sichtbar gemacht werden, wie und wo eine Unterbewertung von »Frauenberufen« stattfindet. Am Beispiel der Pflegefachkräfte wird deutlich, dass diese, trotz gleichem Anforderungsniveau wie Ingenieur/innen in der Elektrotechnik, nur 40 Prozent von deren Stundenlohn erhalten.[20] Diese Unterbewertung muss überwunden werden. Psychosoziale Belastungen müssen in Bewertungsverfahren einbezogen werden. Frauen brauchen bessere Arbeitsbedingungen: eine angemessene Entlohnung der bestehenden Anforderungen, eine angemessene Personalbemessung und Arbeitsplätze, die ein existenzsicherndes Einkommen ermöglichen.

Frauenarbeit im Zuge der Digitalisierung aufwerten

Die Digitalisierung der Arbeitswelt zieht zusätzliche Beschäftigungsanforderungen nach sich, eröffnet aber gleichzeig Handlungsoptionen für die Aufwertung von Tätigkeiten. Denn für die Beschäftigten ergeben sich Qualifikationsanforderungen, um sich an gewandelte Tätigkeitsprofile anzupassen, neue Aufgaben zu übernehmen oder sich neuen Berufen zuzuwenden. Gleichermaßen ergeben sich Möglichkeiten, bisherige Aufgaben durch den Einsatz technischer Mittel aufzuwerten und besser zu vergüten. Denn das Ersetzen und Verbessern von Tätigkeiten im Zuge der Digitalisierung bewirkt oftmals keine Vereinfachung der Arbeitsprozesse, sondern wertet die Tätigkeiten durch größere Verantwortung für technische Abläufe oder die Erfordernisse zusätzlicher Fertigkeiten auf. Diese Zunahme an Anforderungen für die Beschäftigten muss sich auch in einer Anpassung der Eingruppierungen und dem Entgelt abbilden. Dies kann durch regelmäßige Überprüfung und Aktualisierung von Tätigkeitbewertungen gelingen. Wesentlich sind ferner die Möglichkeiten der Aus- und Weiterbildung. Sie bieten Frauen individuelle Beschäftigungsfähigkeit und eröffnen neue Beschäftigungsmöglichkeiten. Zudem sind Weiterqualifizierungen die Basis, um bei notwendigen digitalen Zusatzqualifikationen eine Aufwertung der Tätigkeiten vorzunehmen.

Ein Blick auf den sogenannten »Digital Gender Gap«, also den Unterschied zwischen Frauen und Männern unter anderem beim Zugang zu und beim Umgang mit digitalen Arbeitsmitteln, zeigt, dass Frauen durch den Einsatz technischer Hilfsmittel und digitaler Büroausstattung benachteiligt sind.[21] Die Digitalisierung sollte jedoch gestaltet und genutzt werden, um die Teilhabe von Frauen an dieser Entwicklung zu verbessern und die vorhandenen »digitalen« Ungleichheiten zu überwinden. Digitale Angebote können erheblich dazu beitragen, dass sich Erwerbsarbeit, Weiterbildungen oder höhere Positionen im Sinne einer gesteigerten Zeitsouveränität besser mit familiären Pflichten vereinbaren lassen, weil sie wohnortferne Präsenzzeiten reduzieren können. So macht die Pandemie deutlich, dass viele Dienstreisen für einen reibungslosen Arbeitsablauf nicht erforderlich sind. Im Sinne einer familienbewussten Ausgestaltung von Arbeitsabläufen sollten diese Erfahrungen auch zukünftig die kritische Prüfung von Mobilitätsanforderungen nach sich ziehen. Damit würden sich neue berufliche Chancen für Frauen eröffnen und für Männer in Positionen mit hoher beruflicher Mobilität zeitliche Spielräume entstehen, um sich stärker an der Haus- und Sorgearbeit zu beteiligen.

Aufwertung durch Umverteilung unbezahlter Sorgearbeit

Die Erfahrungen mit dem Arbeiten im Homeoffice unter den coronabedingten massiven Einschränkungen zeigen aber auch, wie wenig sich effektives Arbeiten mit der Betreuung von Kindern im Kita-Alter oder der Unterstützung jüngerer Kindern im Homeschooling vereinbaren lässt – insbesondere für Frauen. Einer Studie der Hans-Böckler-Stiftung zufolge geben 54 Prozent der befragten Frauen, aber nur 12 Prozent der Männer an, den überwiegenden Teil der anfallenden Kinderbetreuung zu übernehmen. Nur bei einem Drittel der Befragten wird die Betreuung der Kinder von beiden Elternteilen übernommen.[22] Unbezahlte Sorge- und Hausarbeit ist offenbar nach wie vor Frauensache und umfasst Hausarbeit, Kinderbetreuung, Ehrenämter, Pflege von Angehörigen, Gartenarbeit, Reparaturen, Einkäufe sowie das gesamte Management dieser Tätigkeiten. Die Differenz zwischen Männern und Frauen bei unbezahlter Sorge- und Hausarbeit, der sogenannte »Gender Care Gap«, beträgt gegenwärtig 52,4 Prozent. Frauen leisten im Schnitt täglich 87 Minuten mehr Sorgearbeit.[23] Dieser Wert variiert je nach Lebens- und Erwerbssituation. In Paarhaushalten mit Kindern liegt die Lücke bei 83,3 Prozent. Fest steht: je höher das Einkommen des Vaters und je größer sein Arbeitsvolumen desto größer ist der Gender Care Gap.[24]

Der Gender Care Gap ist eng verknüpft mit anderen Gleichstellungsindikatoren. Ein hoher Gender Care Gap führt zu einer geschlechtsspezifischen Differenz des Erwerbsvolumens (»Gender Time Gap«). Frauen arbeiten aktuell 8,4 Stunden weniger die Woche als Männer. Diese Differenz hat wiederum Auswirkungen auf die Entgeltlücke (Gender Pay Gap) und das Erwerbseinkommen im Lebensverlauf (»Gender Lifetime Earning Gap«). Und wer weniger verdient, hat später auch weniger Rentenansprüche. Die Rentenlücke (»Gender Pension Gap«) zwischen Männern und Frauen beläuft sich gegenwärtig auf 49 Prozent.[25] Die Sorgelücke ist auch einer der Hauptgründe für die vertikale Arbeitsmarktsegregation: Innerhalb einer Berufsgruppe sind die Positionen und Aufstiegschancen zwischen Männern und Frauen ungleich verteilt. Bei Betrachtung des Gesundheits- und Sozialwesens wird deutlich, dass selbst in Branchen mit einem niedrigen Beschäftigungsgrad von Männern deren Anteil an Führungspositionen überdurchschnittlich hoch ist. 47 Prozent der in Teilzeit beschäftigten Frauen geben an, dass der Grund für das geringere Erwerbsvolumen, das Führungspositionen häufig ausschließt, in der Durchführung von Sorge-Tätigkeiten liegt.[26]

Ein Baustein zur Vereinbarkeit von Beruf, Familie und Pflege sind haushaltsnahe und personenbezogene Dienstleistungen. An ihnen wird die doppelte Geringschätzung von vorrangig weiblicher Erwerbs- und Sorgearbeit deutlich: Sowohl in der bezahlten als auch in der unbezahlten Sphäre erfahren diese Tätigkeiten nicht die nötige Anerkennung. Haushalte brauchen Angebote, um diese Dienstleistungen bedarfsnah, unbürokratisch und legal in Anspruch nehmen zu können. Die Beschäftigten haben ein Recht auf gute und existenzsichernde Arbeit, Tariflöhne, Arbeits- und Gesundheitsschutz – an ihnen zeigt sich, was unserer Gesellschaft Sorge- und Hausarbeit wert ist. Dabei wird auch deutlich, dass die vieldiskutierten systemrelevanten Berufe erst die Voraussetzungen dafür schaffen, dass Menschen effektiv und produktiv eine Erwerbstätigkeit ausüben können. Ohne Personen, die diese Berufe ausüben, wäre das heutige Erwerbssystem nicht funktionsfähig. Sorgearbeit sichert das Funktionieren unserer Gesellschaft – dies muss sich in ihrer gesellschaftlichen Anerkennung, ihrer geschlechtergerechten Verteilung und den passenden rechtlichen Rahmenbedingungen widerspiegeln, die Anreize setzen für egalitäre Betreuungs- und Sorgearrangements in Paarbeziehungen.

Ein Blick auf die Einflusspotenziale von Tarifverträgen eröffnet eine weitere Perspektive. In tarifgebundenen Unternehmen war im Jahr 2018 der Gender Pay Gap zehn Prozentpunkte kleiner als in nicht tarifgebundenen Unternehmen. Tarifverträge verbessern nachweislich die Entgeltgleichheit und schaffen zudem Optionen für Qualifizierung, die einen wichtigen Beitrag zur gleichberechtigten Teilhabe von Frauen am Arbeitsmarkt leistet. Da Frauen häufiger in kleinen und mittleren Unternehmen sowie nicht tarifgebundenen Branchen arbeiten, profitieren sie seltener als Männer von der Tarifbindung.[27] Zudem werden geringfügig Beschäftigte oft nicht nach Tarifvertrag bezahlt – dies betrifft vor allem Frauen. Die Aufwertung von Arbeit durch Tarifverträge ist daher ein wichtiger Beitrag zur Gleichstellung von Frauen am Arbeitsmarkt. Es braucht aktive Betriebs- und Personalräte, gleichstellungspolitische Interessenvertretung und den Abschluss fairer Tarifverträge in frauendominierten Branchen.

Zusammenfassend lässt sich feststellen: Um den Gender Pay Gap zu schließen, muss die Arbeit von Frauen, ob bezahlt oder unbezahlt, umverteilt und anerkannt werden. Dafür bedarf es unter anderem einer egalitären Arbeitsteilung, einer Neubewertung frauendominierter Berufsfelder – auch aufgrund wachsender Anforderungen im Zuge von Arbeit 4.0 –, verbesserter Arbeitsbedingungen und vor allem besserer Bezahlung. Zudem müssen Stolpersteine aus dem Weg geräumt werden durch Bezahlung nach Tarif, Aufstockung der Arbeitszeit, Möglichkeiten zur Qualifizierung und Gestaltungsspielräume im Einsatz digitaler Technik. Nicht nur die aktuelle Pandemie, sondern auch gesellschaftliche Entwicklungen wie der demografische Wandel zeigen, dass Deutschland auf weibliche Erwerbsarbeit angewiesen ist Die Aufwertung von (Frauen-) Arbeit ist ein Treiber der Gleichstellung und macht viele Berufe auch langfristig attraktiver – dies ist angesichts ihres Bedeutungszuwachses doppelt relevant.

Perspektiven aktiver Arbeitsmarktpolitik zur Aufwertung von Arbeit

Neben Tarifverträgen, Mitbestimmung und gezielten Maßnahmen zur Herstellung von Geschlechtergerechtigkeit im Erwerbsleben bietet eine aktive Arbeitsmarktpolitik vielschichtige Möglichkeiten zur Aufwertung von Arbeit. In deren Mittelpunkt muss eine Arbeit stehen, die der Qualifikation und dem Können eines Menschen entspricht und zukunftsfest gestaltet ist. Dies ist gegenwärtig nicht der Fall. Denn ganz im Sinne der Hartz-Agenda »Arbeit um jeden Preis« wird durch die Überbetonung einer möglichst hohen Integrationsquote auf kurzem Wege in irgendeine Beschäftigung vermittelt. Vorhandene Förderinstrumente werden überhaupt nicht oder nicht zielgenau eingesetzt und damit erfolgt nur mehr eine Förderung, die Angebote »von der Stange« macht. Welche Mechanismen in die eine oder andere Richtung wirken, soll im Folgenden entlang der drei Themen »Zumutbarkeit« von Arbeitsangeboten, Qualität von Arbeitsmarktintegration und Bedeutung der Weiterbildungsförderung dargestellt werden.

Vermittlung in den Arbeitsmarkt: Werthaltige statt »zumutbare« Arbeit

Arbeitsuchende müssen jede zumutbare Beschäftigung annehmen, sonst verlieren sie ihre Ansprüche aus der Arbeitslosenversicherung. Am unbestimmten Begriff der »Zumutbarkeit« lässt sich ablesen, dass es bei der Vermittlung in Arbeit nur in sehr engen Grenzen auf deren Werthaltigkeit ankommt. Im »Hartz IV«-System gilt zudem nahezu jede Arbeit als zumutbar, was die Beliebigkeit des Begriffs der »Zumutbarkeit« unterstreicht. Nach dem Recht der Arbeitslosenversicherung ist auch solche Arbeit zumutbar, die nicht der Qualifikation des Arbeitsuchenden entspricht. Bis zum Inkrafttreten des Arbeitsförderungs-Reformgesetzes 1997 gab es im Arbeitsförderungsrecht noch einen Berufsschutz, der der Entwertung von Qualifikationen entgegenstand: Arbeitslose waren lediglich zur Aufnahme einer Beschäftigung verpflichtet, deren Qualifikationsstufe der ihrer bisherigen Tätigkeit entsprach. Blieb die Vermittlung in dieser Qualifikationsstufe eine bestimmte Zeit ohne Erfolg, musste sich der*die Arbeitslose nur auf die nächstniedrigere von insgesamt fünf Qualifikationsstufen verweisen lassen. Der Berufsschutz in der Arbeitslosenversicherung ist bedauerlicherweise durch einen zeitlich begrenzten Entgeltschutz ersetzt worden. Aktuell darf die Minderung des vorherigen Arbeitsentgelts in den ersten drei Monaten der Arbeitslosigkeit nicht mehr als 20 Prozent und in den folgenden drei Monaten nicht mehr als 30 Prozent betragen. Vom siebten Monat der Arbeitslosigkeit an ist dem Arbeitssuchenden eine Beschäftigung nur dann nicht zumutbar, wenn das daraus erzielbare Nettoeinkommen niedriger als das Arbeitslosengeld ist. Für die Zumutbarkeit kommt es damit auf die erreichte berufliche Qualifikation und die zuvor ausgeübte Tätigkeit nicht mehr an. Der Qualifikationsschutz wurde schon Jahre vor der Agenda 2010 einer neuen repressiven Ausrichtung der Arbeitsmarktpolitik inklusive einer überbetonten Eigenverantwortlichkeit geopfert. Problematisch ist aber auch: Wer einige Zeit nicht mehr in seinem erlernten Beruf arbeitet, gilt als geringqualifiziert und findet kaum noch – und wenn, dann nur unter größten Mühen – zurück in werthaltige Arbeit.

Durch die bis heute geltenden Regelungen werden so Dequalifizierungsprozesse in Gang gesetzt, in deren Folge Menschen bei strikter Durchsetzung der Zumutbarkeitsregelungen dauerhaft unter Wert arbeiten müssen, weil andernfalls ihnen zustehende Leistungen gestrichen, gekürzt oder gesperrt werden. Solche Regelungen sind weder gut für den Wert der Arbeit noch passen sie in eine Zeit des Wandels, die geprägt ist vom Fachkräftemangel und den stetig steigenden Anforderungen an die Qualifikation von Beschäftigten. Ebenso wenig passt dazu, dass für einen Arbeitsuchenden in der Grundsicherung »Hartz IV« – von eng gefassten Ausnahmen einmal abgesehen – jede Arbeit zumutbar ist.

Vermittlung in den Arbeitsmarkt: Dauerhaft und sozialversichert

Mit Erfolg haben sich Gewerkschaften dafür eingesetzt, dass die Vermittlung durch die Arbeitslosenversicherung in den Arbeitsmarkt nicht mehr nur anhand quantitativer Kriterien, sondern auch mit einer Nachhaltigkeitsquote gemessen wird. Eine nachhaltige Integration liegt danach vor, wenn Menschen über einen Zeitraum von sechs Monaten nach Integration in den Arbeitsmarkt sozialversicherungspflichtig beschäftigt sind. Allerdings muss das Beschäftigungsverhältnis zum Zeitpunkt der Integration nicht mit dem Beschäftigungsverhältnis sechs Monate später identisch sein. Ebenso ist es unerheblich, ob der*die Beschäftigte zum Zeitpunkt der Integration oder sechs Monate später parallel auf aufstockende Grundsicherungsleistungen angewiesen ist. Dennoch ist der Ansatz, auch anhand qualitativer Kriterien den Vermittlungserfolg zu messen, richtig. Die Zielsteuerung der Arbeitsagenturen muss zeitgemäß in diese Richtung weiterentwickelt werden: Es sollten nicht mehr nur Dauer und Sozialversicherungspflicht, sondern auch eine der jeweiligen Qualifikation entsprechende Vermittlung maßgeblich sein und der Integrationsquote mindestens gleichgestellt werden.

Potenziale heben, Wege ebnen, Anreize schaffen – nachhaltige Arbeitsmarktpolitik durch Förderung der Aus- und Weiterbildung

Zu den gesetzlich festgelegten Zielen der Arbeitsförderung gehört die Verbesserung der individuellen Beschäftigungsfähigkeit. Im Zuge der fortschreitenden Transformation wird dieses Ziel weiter an Bedeutung für den Erhalt des Werts von Arbeit gewinnen. Das beinhaltet weit mehr als die kurzfristige Verwertbarkeit von Qualifikationen im Unternehmen und auf dem allgemeinen Arbeitsmarkt. Vielmehr soll dauerhaft und im besten Fall ein Erwerbsleben lang Arbeitslosigkeit verhindert werden. Allen Ermessensleistungen zum Trotz, die im Arbeitsförderungsrecht über die

Jahrzehnte an die Stelle von Ansprüchen getreten sind, sind alle Akteur*innen in der Arbeitsmarktpolitik und insbesondere die Bundesagentur für Arbeit diesem Ziel verpflichtet.

Schon vor dem Einstieg ins Berufsleben müssen jungen Menschen Angebote für Beratung, Orientierung und Förderung gemacht werden. Die heute vielfältigen Bildungs- und Berufswege, die nach einem Schulabschluss möglich sind, erfordern auch frühzeitigere und damit längerfristige professionelle Unterstützung bei der Berufswahlentscheidung, insbesondere dann, wenn Bildungsaufstieg ermöglicht werden soll. Auch die Wege in eine akademische Ausbildung sind vielfältiger und komplexer geworden. Vor diesem Hintergrund wurde in der Bundesagentur für Arbeit der neue Ansatz einer Lebensbegleitenden Berufsberatung (LBB) entwickelt, durch die der Übergang von der Schule ins Erwerbsleben besser bewältigt und Studienabbrüche vermieden werden sollen. So soll der Start in Richtung qualifizierte und zukunftsfeste Arbeit von Anfang an unterstützt und Ausbildungslosigkeit verhindert werden.

Neben Beratung und Förderung von Berufsanfänger*innen muss Weiterbildung entlang des Erwerbslebens arbeitsmarkpolitisch gestaltet und garantiert werden. Eine gezielte Weiterbildungsstrategie ist die Antwort auf den sich weiter beschleunigenden Strukturwandel. Qualifizierungschancengesetz und Arbeit-von-morgen-Gesetz haben die gesetzlichen Rahmenbedingungen für geförderte Weiterbildung deutlich verbessert, noch aber werden die Möglichkeiten zu selten genutzt und Arbeitnehmer*innen viel zu selten weitergebildet. Zudem muss die Qualifizierungsförderung flexibler werden: Derzeit haben Arbeitnehmer*innen nur alle vier Jahre ein Recht auf Förderung, und das auch nur dann, wenn der Arbeitsplatz vom Strukturwandel bedroht ist oder ein Engpassberuf angestrebt wird. Weiterbildungsprämien könnten wirksame Anreize schaffen; indem die Weiterbildungsbereitschaft von Arbeitnehmer*innen honoriert wird. Beschäftigte müssen stärker finanziell unterstützt werden, damit sie sich die Reduzierung ihrer Arbeitszeit zur Weiterbildung oder Umschulung auch tatsächlich leisten können. Sie erhalten in der Regel je nach Rechtskreiszugehörigkeit nur Arbeitslosengeld oder Grundsicherung. Aber auch denjenigen, die bereits arbeitslos sind, fehlt bei einer Umschulung die nötige finanzielle Unterstützung.

Das Ziel aller Anstrengungen und Maßnahmen in der Weiterbildung muss sein, die Qualifikation von Arbeitnehmer*innen zu erhalten und an neue Anforderungen anzupassen. Mit Blick auf die strukturellen Veränderungen auf dem Arbeitsmarkt ist der Rechtsanspruch auf Weiterbildung und Umschulung unumgänglich, denn Ermessensleistungen sind nicht verlässlich. Die Folgekosten, wenn Angebote dann noch an der Kassenlage scheitern, sind erheblich. Wenn sich Menschen selbstständig umorientieren wollen, bedarf es motivierender und begleitender Förderangebote und Strukturen und qualifizierter individueller Beratung. Das Recht auf Beratung in der Arbeitslosenversicherung muss zwingend mit dem Recht auf Förderung verknüpft werden. Das Gleiche gilt für die Anerkennung von im Ausland erworbener Qualifikationen. Fehlende Qualifikationen müssen gefördert nachgeholt werden können. Mit all solchen Maßnahmen kann die Arbeitsförderung direkt zur Aufwertung der Arbeit und zur Vermeidung künftiger Arbeitslosigkeit beitragen.

Die beste Arbeitsförderung und die motiviertesten Arbeitnehmer*innen gelangen jedoch nicht ans Ziel, wenn die Arbeitgeber*innen ihrer Verantwortung für die Weiterbildung ihrer Beschäftigten nicht gerecht werden. Ob eine Weiterbildung gefördert wird, darf deswegen nicht in erster Linie von Initiative und Zustimmung der*s Arbeitgeber*in abhängig sein. Mit dem Betriebsrätemodernisierungsgesetz ist zwar das Initiativrecht der Betriebsräte in Form eines »qualifizierten Beratungsrechts« bei der beruflichen Bildung gestärkt und die Einschaltung einer Einigungsstelle zur Vermittlung ermöglicht worden, angesichts der Bedeutung der Qualifizierung von Arbeitnehmer*innen- greift dies aber viel zu kurz. Der Kurs hin zu einer neuen aktiven Arbeitsmarktpolitik und damit zur Aufwertung von Arbeit ist zumindest auf dem Papier schon beschrieben: Gemeinsam mit Gewerkschaften, Arbeitgeberverbänden, den Ländern und der Bundesagentur für Arbeit sowie unter Einbeziehung der Wissenschaft und der betrieblichen Praxis hat die Bundesregierung die Nationale Weiterbildungsstrategie (NWS) auf den Weg gebracht. Vorgeschlagen werden unter anderem staatlich geförderte Bildungszeiten und Bildungsteilzeiten. Der Vorschlag umfasst auch einen Rechtsanspruch auf Freistellung gegenüber dem Arbeitgeber in Verbindung mit einer sozial gestaffelten finanziellen Förderung des Lebensunterhaltes. Damit könnte die bestehende Weiterbildungsförderung um einen individuellen Baustein ergänzt werden. Die neuen Ansätze in der Arbeitsmarktpolitik gehen weit über die bisherige Arbeitsförderung hinaus. Wenn diese Ansätze umgesetzt werden, dann wäre die Aufwertung von Arbeit nicht mehr das zufällige Ergebnis glücklich verlaufender Einzelfälle. Ausbildung, Weiterbildung, Schutz und Ausbau des erreichten Qualifikationsniveaus von Beschäftigten könnten vielmehr Hand in Hand gehen und eine lebensbegleitende Selbstverständlichkeit werden, der sich alle Akteurinnen und Akteure auf dem Arbeitsmarkt verpflichtet sehen. Für den Wert der Arbeit wäre das ein gewaltiger Schritt nach vorn – ein Schritt nach vorne, der arbeitsmarktpolitisch unverzichtbar ist, wenn wir den Strukturwandel unserer Wirtschafts- und Arbeitswelt erfolgreich bewältigen wollen.

Ausblick

In unserem Beitrag haben wir zentrale Anforderungen an Gutes Regieren behandelt. Dabei sollte die Aufwertung von Arbeit von Anfang an im Mittelpunkt stehen. Der Erhalt und die Anerkennung des Werts von Arbeit, die nötigen Weichenstellungen für Gute Arbeit und verlässliche Zukunftsperspektiven für die Beschäftigten sind Voraussetzung dafür, dass in diesen Zeiten fehlender Gewissheiten der solidarische Zusammenhalt unserer Gesellschaft gewahrt und das Vertrauen in unsere Demokratie gestärkt werden.

Durch alle Beiträge in dem vorliegenden Band zieht sich ein gemeinsamer roter Faden: Sie sind zu einem Zeitpunkt entstanden, zu dem wir in doppelter Hinsicht vor gewaltigen Herausforderungen stehen. Zukünftiges Regierungshandeln muss sich an zwei Zielen ausrichten und sie in Einklang miteinander bringen: Es muss gesundheitliche, wirtschaftliche und soziale Folgeschäden der Corona-Krise von den Menschen abwenden. Zugleich gilt es, den Übergang in eine digitale und klimaneutrale Wirtschaft und Arbeitswelt sozial und gerecht gestalten. Wir leben also in Zeiten fehlender Gewissheiten, die den Gewerkschaften überzeugende Antworten auf die anspruchsvolle Frage abverlangen, wie es unter diesen Bedingungen gelingen kann, den Beschäftigten Sicherheit im Wandel zu geben.

Mit der anstehenden Bundestagswahl und der anschließenden Bildung einer neuen Bundesregierung werden die zentralen politischen Kursbestimmungen für die kommenden Jahre vorgenommen. In ihren Anforderungen an die Parteien zur Bundestagswahl zeigen der DGB und seine Mitgliedsgewerkschaften auf, wie eine solidarische Krisenbewältigung gelingen kann und wie die gerechte Gestaltung des Übergangs in eine klimaneutrale und digitale Wirtschaft organisiert werden muss.

Wesentliche Teile unserer gemeinsamen gewerkschaftlichen Anforderungen sind in diesem Band ausführlich dargestellt worden:

- Durch eine hohe Tarifbindung, eine starke Mitbestimmung und mehr Geschlechtergerechtigkeit wollen wir für demokratische Verhältnisse in unserer Wirtschaft sorgen, die den Beschäftigten die Möglichkeit geben, die Arbeitswelt der Zukunft auf Augenhöhe mitzugestalten.
- Durch eine aktive, an den Herausforderungen der Transformation orientierte Arbeitsmarktpolitik wollen wir für Ordnung und soziale Gerechtigkeit auf dem Arbeitsmarkt sorgen.
- Durch die Stärkung unseres Sozialstaats wollen wir erreichen, dass die Beschäftigen Sicherheit im Wandel und verlässliche Zukunftsperspektiven haben.

Aus gewerkschaftlicher Sicht bildet die Aufwertung von Arbeit den Dreh- und Angelpunkt für eine zukunftsfähige Politik und Gutes Regieren. Dafür braucht es die richtigen Rahmenbedingungen. Dazu gehört, dass das Verhältnis zwischen Markt und Staat, zwischen privaten und öffentlichen Gütern neu austariert wird. Die Arbeit der Zukunft und eine angemessene Würdigung und Anerkennung ihres wirtschaftlichen und gesellschaftlichen Wertes können nicht dem freien Spiel der Marktkräfte überlassen bleiben.

Die Corona-Krise hat uns gelehrt, wie wichtig ein handlungsfähiger Staat, eine gut ausgebaute öffentliche Infrastruktur und tragfähige Strukturen der öffentlichen Daseinsvorsorge sind. Für die erfolgreiche Gestaltung der Transformation brauchen wir ein auf zehn Jahre angelegtes Zukunftsinvestitionsprogramm – für den massiven Ausbau erneuerbarer Energien, für eine leistungsfähige digitale Infrastruktur, für gute Bildung, bezahlbares Wohnen und eine umweltfreundliche Mobilität sowie für eine bedarfsgerechte Personalausstattung des öffentlichen Dienstes. Mit dem sklavischen Festhalten an Schuldenbremse und Schwarzer Null wir der Aufbruch nicht gelingen.

Diese Investitionsoffensive muss begleitet werden durch eine aktive Industrie- und Dienstleistungspolitik ebenso wie durch eine vorbeugende Strukturpolitik, die Regionen und Branchen im Umbruch neue Perspektiven eröffnen.

Eine erfolgreiche Gestaltung des Strukturwandels und eine damit einhergehende Aufwertung von Arbeit werden uns nur im engen Zusammenspiel mit unseren Partnern in der Europäischen Union gelingen. Nötig ist der Kurswechsel hin zu einem solidarischen, sozialen und handlungsfähigen Europa, das sich stark macht für eine faire Globalisierung und das seiner humanitären Verantwortung in globalen Lieferketten und in der Migrations- und Flüchtlingspolitik nachkommt.

All dies macht aus unserer Sicht Gutes Regieren aus, das im Zeichen einer Aufwertung von Arbeit auf nationaler, europäischer und globaler Ebene stehen muss. Auch wenn in dem vorliegenden

Band nicht alle Aspekte behandelt werden – in den Anforderungen des DGB und seiner Mitgliedsgewerkschaften zur Bundestagswahl buchstabieren wir sie aus, um eine klare gewerkschaftliche Kursbestimmung für die Arbeit der nächsten Bundesregierung vorzunehmen.

1 Vgl. W. Schroeder (2016): Konfliktpartnerschaft – still alive. Veränderter Konfliktmodus in der verarbeitenden Industrie, in: Industrielle Beziehungen 23 (3), S. 374-392; A. Hassel/Schröder, W (2018): Gewerkschaften 2030: Rekrutierungsdefizite, Repräsentationslücken und neue Strategien der Mitgliederpolitik, S. 3-6 (WSI-Report der Hans-Böckler-Stiftung Nr. 44/2018).

2 Vgl. zur ökonomischen Wirkung der Unternehmensmitbestimmung bspw. Marc Steffen Rapp/Wolff, Michael (2019): Mitbestimmung im Aufsichtsrat und ihre Wirkung auf die Unternehmensführung: Eine empirische Analyse vor dem Hintergrund der Finanz- und Wirtschaftskrise, ‹https://www.boeckler.de/pdf/p_study_hbs_424.pdf› oder Sigurt Vitols/Scholz, Robert (2021): Unternehmensmitbestimmung und langfristige Investitionen in deutschen Unternehmen, in: WSI-Mitteilungen 2/2021, S. 87-97. Zu Hinweisen zur Wirkung der betrieblichen Mitbestimmung vgl. bspw. Uwe Jirjan (2011), Ökonomische Wirkung der Mitbestimmung in Deutschland: Ein Update, in: Schmollers Jahrbuch 131, S. 3-57.

3 Für einen Überblick der Nachhaltigkeitswirkung zur Unternehmensmitbestimmung vgl. Robert Scholz (2020): DER MITBESTIMMUNGSINDEX – MB-IX, in: Mitbestimmungsreport Nr. 58, S. 11–12.

4 Joachim Gauck (2016): Rede auf dem Festakt »40 Jahre Mitbestimmungsgesetz ›76«, ‹https://www.bundespresident.de/SharedDocs/Reden/DE/Joachim-Gauck/Reden/2016/06/160630-40-Jahre-Mitbestimmungs gesetz.html›.

5 Vgl. Martin Behrens/Dribbusch, Heiner (2020): UMKÄMPFTE MITBESTIMMUNG: ERGEBNISSE DER DRITTEN WSI-BEFRAGUNG ZUR BE- UND VERHINDERUNG VON BETRIEBSRATSWAHLEN, in: WSI-Mitteilungen, Ausgabe 04/2020, Seiten 286-294.

6 Siehe: Stellungnahme des DGB und seiner Mitgliedsgewerkschaften zum Betriebsrätemodernisierungsgesetz: ‹https://www.dgb.de/downloadcenter/++co++9c960f6e-b32c-11eb-9d9d-001a4a160123›.

7 Vgl. Sebastian Sick (2020): Erosion als Herausforderung für die Unternehmensmitbestimmung, in: Mitbestimmungsreport Nr. 58, Seite 13 ff.

8 Vgl. DGB (2016): Offensive Mitbestimmung Vorschläge zur Weiterentwicklung der Mitbestimmung, Beschluss des DGB-Bundesvorstandes vom 12. Juli 2016, ‹https://www.dgb.de/-/g4c›.

9 Vgl. DGB (2020): Eckpunkte des Deutschen Gewerkschaftsbundes für eine Europäische Rahmenrichtlinie zur Unterrichtung, Anhörung und Unternehmensmitbestimmung, ‹https://www.dgb.de/-/xv9› sowie EGB (2020): ETUC Position on a new EU framework on information, consultation and board-level representation for European company forms and for companies making use of EU company law instruments enabling company mobility, ‹https://www.etuc.org/en/document/etuc-position-new-eu-framework-information-consultation-and-board-level-representation›.

10 Deutscher Bundesrat, Drs. 740/16 (Beschluss) vom 10. Februar 2017.

11 Vgl. DGB (2021): Stellungnahme des Deutschen Gewerkschaftsbundes zum Regierungsentwurf eines Gesetzes zur Stärkung der Finanzmarktintegrität (Finanzmarktintegritätsstärkungsgesetz – FISG), ‹https://www.dgb.de/-/oiG›.

12 Vgl. IG BCE (2020): IG BCE fordert Neujustierung der Konfliktlösung in Aufsichtsräten großer Unternehmen, ‹https://igbce.de/igbce/ig-bce-fordert-neujustierung-der-konfliktloesung-in-aufsichtsraeten-grosser-unternehmen-174742›.

13 Vorläufige Ergebnisse einer Befragung von Arbeitnehmervertreter*innen im Aufsichtsrat durch die Hans-Böckler-Stiftung, noch unveröffentlicht.

14 Norbert Lammert (2016): Festrede auf dem Festakt anlässlich 125 Jahre IG Metall »Gemeinsam für ein gutes Leben« Frankfurt am Main, Paulskirche, 4.Juni 2016, ‹https://www.igmetall.de/ueber-uns/gestalterin-der-arbeitswelt-und-des-sozialstaats›.

15 Der Gender Pay Gap beschreibt die Differenz zwischen dem durchschnittlichen Brutto-Stundenlohn von Frauen und Männern und wird als prozentualer Anteil des durchschnittlichen Brutto-Stundenlohns der Männer angegeben.

16 Statistisches Bundesamt (2021): Gender Pay Gap, online: ‹https://www.destatis.de/DE/Themen/Arbeit/Arbeitsmarkt/Qualitaet-Arbeit/Dimension-1/gender-pay-gap.html›.

17 Mehr Informationen: Fikret Öz (2020): Löhne und Gehälter in systemrelevanten Berufen: Gebraucht und geschätzt, aber unter Wert! Institut Arbeit und Technik. ‹https://www.iat.eu/discussionpapers/download/IAT_Discussion_Paper_20_02.pdf›.

18 DGB (2018): Die Arbeit mit Menschen. Was ist sie uns wert? Untersuchung aus einer gleichstellungspolitischen Perspektive, DGB-Bundesvorstand – Abteilung Frauen, Gleichstellungs- und Familienpolitik (Hg.), Berlin.

19 DGB (2020): Weiblich, systemrelevant, unterbezahlt. Arbeitsbedingungen in vier frauendominierten Berufsgruppen, Institut DGB-Index Gute Arbeit (Hg.), Kompakt 01/2020.

20 Sarah Lillemeier (2016): Der »Comparable Worth«-Index als Instrument zur Analyse des Gender Pay Gap, WSI-Working-Paper, Nr. 205, Düsseldorf: Hans-Böckler-Stiftung.

21 D21-Initative/Kompetenzzentrum Technik-Diversity-Chancengleichheit (2020): Digital Gender Gap 2020, online: ‹https://initiatived21.de/publikationen/digital-gender-gap/›.

22 Zucco Kohlrausch (2020): Die Corona-Krise trifft Frauen doppelt. Weniger Erwerbseinkommen und mehr Sorgearbeit, WSI-Policy Brief 40, online ‹https://www.boeckler.de/pdf/p_wsi_pb_40_2020.pdf›.

23 BMFSFJ, 2020: Was der Gender Care Gap über Geld, Gerechtigkeit und die Gesellschaft aussagt. Einflussfaktoren auf den Gender Care Gap und Instrumente für seine Reduzierung. Forschungsbericht, BMFSFJ (Hg.), erarbeitet von Debora Gärtner/Lange, Katrin/Stahlmann, Anne – ISS e.V., Berlin. (14)

24 Mara Rebaudo/Calahorrano, Lena/Stöwhase, Sven (2019): Gender Care Gap. Ursachen des Gap und Wirkungsprognose von Handlungsempfehlungen. Frauenhofer – Institut für Angewandte Informationstechnik (Hg.), Sankt Augustin. (105)

25 Bundesministerium für Familie, Senioren, Frauen und Jugend (2020): 4. Atlas zur Gleichstellung von Frauen und Männern in Deutschland, Berlin. (72)

26 Andreas Jansen (2020): Wachsende Graubereiche in der Beschäftigung. Ein interdisziplinärer Forschungsüberblick über die Entstehung und Entwicklung neuer Arbeits- und Beschäftigungsformen in Deutschland. Working Paper, Nr. 167, Düsseldorf: Hans-Böckler-Stiftung. (25)

27 DGB (2021): Frauen profitieren von Tarifverträgen. Faktenblatt Tarif Nr. 4, Reden wir über … Der Zukunftsdialog, online: ‹https://www.redenwirueber.de/sites/default/files/downloads/frauen-profitieren-von-tarifvertraegen-4_02.pdf›.

Die Autor*innen

Robert Feiger ist Bundesvorsitzender der IG Bauen-Agrar-Umwelt und dort u. a. für die Gesamtleitung und Koordination des Bundesvorstandes, der Vertretung der Gewerkschaft nach Außen und Innen und der Führung der Regionalleitungen verantwortlich. Er ist Mitglied der Mindestlohnkommission, im Vorstand der Malerkasse, Mitglied des Vorstands der Gemeinnützigen Urlaubskasse des Bayerischen Baugewerbes e. V., Aufsichtsratsmitglied der Zusatzversorgungskasse des Baugewerbes, Aufsichtsratsmitglied der BAUER AG, Vorstandsmitglied in der Zusatzversorgungskasse der Steine- und Erden- Industrie und des Betonsteinhandwerks Bayern.

Elke Hannack ist stellv. Bundesvorsitzende des Deutschen Gewerkschaftsbundes. Sie studierte ev. Theologie und arbeitete neben dem Studium als Packerin und Verkäuferin im Einzelhandel und engagierte sich dort als Betriebsratsvorsitzende und Gesamtbetriebsratsvorsitzende. Sie war stellv. Vorsitzende des DGB-Bezirks Nordrhein-Westfalen. 2007 wurde sie Mitglied im Bundesvorstand von ver.di und kehrte dann 2013 mit ihrer Wahl in den Bundesvorstand zum DGB zurück. Elke Hannack ist stellv. Vorsitzende der Christdemokratischen Arbeitnehmerschaft (CDA).

Reiner Hoffmann ist Diplom-Ökonom und seit 2014 Vorsitzender des Deutschen Gewerkschaftsbundes und Vorsitzender des Vorstands der Hans-Böckler-Stiftung. Zuvor war er 16 Jahre für den Europäischen Gewerkschaftsbund (EGB) in Brüssel tätig. Er ist im Aufsichtsrat der Bayer AG Leverkusen, Mitglied im Beirat „denkwerk demokratie", im Kuratorium des Max-Planck-Instituts für Gesellschaftsforschung und im ZDF-Fernsehrat.

Jörg Hofmann ist Erster Vorsitzender der IG Metall, Aufsichtsratsmitglied der Robert Bosch GmbH, Gerlingen und der Volkswagen AG, Wolfsburg. Er ist Co-Vorsitzender der Plattform Arbeiten 4.0 des Bundesministeriums für Arbeit und Soziales (BMAS), Mitglied im Leitungsgremium der Plattform Industrie 4.0 des Bundesministeriums für Wirtschaft und Energie (BMWI) und Bundesministeriums für Bildung und Forschung (BMBF), Träger der Wirtschaftsmedaille des Landes Baden-Württemberg, Mitglied im Lenkungskreis der Nationalen Plattform Zukunft der Mobilität.

Klaus-Dieter Hommel ist Vorsitzender der Eisenbahn- und Verkehrsgewerkschaft (EVG). Nach seiner Ausbildung als Fahrdienstleiter absolvierte er ein Fernstudium zur Verkehrskybernetik. Er ist Stellvertretender Vorsitzender des Aufsichtsrats der Deutschen Bahn AG.

Stefan Körzell ist Mitglied im Geschäftsführenden Bundesvorstand des Deutschen Gewerkschaftsbunds, von Beruf Maschinenschlosser und begann als Jugendvertreter seine ehrenamtlichen Tätigkeiten für den DGB und die IG Metall. Nach seinem beruflichen Wechsel zum DGB war er zunächst Organisationssekretär, später Vorsitzender des DGB-Bezirks Hessen-Thüringen bevor er in den GBV gewählt wurde. Er ist u.a. Vorsitzender des Aufsichtsrates des Berufsfortbildungswerkes (Bfw), Mitglied des Kuratoriums der HBS und Mitglied des Makroökonomischen Dialogs auf politischer Ebene.

Oliver Malchow ist seit 2013 Vorsitzender der Gewerkschaft der Polizei (GdP). Er trat 1983 in die Polizei, wenig später in die Gewerkschaft der Polizei (GdP) ein. Seine polizeiliche Laufbahn führte den Polizeidirektor bis zur Leitung der Kriminalpolizeistelle Kiel. Von 1997 an saß Malchow dem GdP-Landesbezirk Schleswig-Holstein vor. 2010 rückte er nach seiner Wahl auf dem GdP-Bundeskongress in den Geschäftsführenden Bundesvorstand auf.

Anja Piel ist Mitglied im Geschäftsführenden Bundesvorstand des Deutschen Gewerkschaftsbunds und von Beruf Industriekauffrau. Sie war vor ihrem Wechsel zum DGB Mitglied des Niedersächsischen Landtag und Fraktionsvorsitzende der Fraktion Bündnis 90/ Die Grünen. Sie ist alternierende Vorsitzende des Verwaltungsrates der Bundesagentur für Arbeit sowie alternierende Vorsitzende des Bundesvorstandes der Deutschen Rentenversicherung Bund.

Marlis Tepe ist seit Juni 2013 Vorsitzende der GEW. Als Lehrerin an Hauptschulen, später Grund- und Gemeinschaftsschulen engagierte sie sich von Anfang an ehrenamtlich aktiv und kennt GEW- und Personalratsarbeit auf allen Ebenen. Sie verband 30 Jahre Vollzeittätigkeit mit ihrer GEW-Arbeit. Den Hauptpersonalrat der Lehrkräfte in Schleswig-Holstein leitete sie sechs Jahre als Vorsitzende.

Michael Vassiliadis ist Vorsitzender der Industriegewerkschaft Bergbau Chemie Energie (IG BCE) und der Stiftung Arbeit und Umwelt der IG BCE. Er ist Präsident von IndustriAll Europe, der Dachorganisation der europäischen Industriegewerkschaften. Er ist Mitglied im Nationalen Wasserstoffrat der Bundesregierung, stellvertretender Aufsichtsratsvorsitzender der RAG AG sowie Mitglied des Aufsichtsrats der BASF SE, der Henkel AG&Co. KGaA und der Steag GmbH.

Frank Werneke ist seit 2019 Vorsitzender der Gewerkschaft ver. di. Er ist gelernter Verpackungsmittelmechaniker und übernahm verschiedene Funktionen in der betrieblichen Interessenvertretung und der regionalen Gewerkschaftsarbeit der IG Druck und Papier. 1993 wurde er hauptamtlicher Sekretär der IG Medien, bevor er Mitglied im ver.di-Bundesvorstand wurde und dort dann 2002 stellv. Vorsitzender bis zu seiner Wahl als Vorsitzender. Frank Werneke ist Mitglied des UNI-Europa- und Weltvorstandes.